2019 개정 누리과정에 기초한

유아미술교육

Art Education for Young Children

김남연 · 이은형 · 문가영 · 신유정 · 김명정 공저

학지사

머리말

최근 우리 저자들은 함께 책을 읽으며 인공지능에 대체되지 않는 나를 만드는 방법에 대해 접하고 '공감 능력'과 '창조적 상상력'을 길러 주는 교육에 대해서 고민하게 되었다. 그 책의 저자는 유아 시절에 즐겁게 놀이하는 경험으로부터 '공감 능력'과 '창조적 상상력'이 길러진다고 하였다. 그 예로 유아가 자신이 상상한 것을 그림으로 그리거나 점토로 표현한 후 친구와 이야기를 나누면서 어느새 새로운 이야기를 더하고, 작품에도 새로운 것을 추가하는 일련의 과정을 보여 준다. 이때 우리는 유아교육기관에서 이루어지는 놀이가 얼마나 중요한지를, 더욱이 미술놀이가 얼마나 큰 힘을 가지고 있는지를 다시 한번 확인할 수 있었다.

우리의 어린 시절로 돌아가 집 곳곳에 그림을 그리며 즐거워했던 그때를 떠올려 보자. 가끔은 부모님께 집을 더럽힌다는 핀잔을 듣기도 했지만, 내 손이 움직이는 대로 그것이 흔적으로 남아 내가 그것에 이름을 붙이고 이야기를 만들면 모두들 신기해하고 재미있어했던 때가 있었다. 그렇게 미술놀이를 마냥 좋아했던 시절도 있었지만, 언제부터인가 그림을 그리라고 하면 움츠러들고 나를 미술로 표현하는 것이 점점 부자연스러워지기 시작했다. 아마도 학생 시절에 선생님에게서 '평가'라는 것을 받을 때부터였던 것 같다. 그래서 유아교사가 되었을 때, 안타깝게도 다섯 명의 저자 모두 미술놀이가 가진 대단한 힘을 알면서도 유아들과 함께 미술을 즐기고 신나게 놀이하는 데 있어서는 소극적이었다. 이러한 이유로, 현재 예비유아교사 과정에 있는 여러분만큼은 미술놀이를 즐겼던 어릴 적 본능이 회복되기를 바라는 마음에 감히 용기를 내어 유아미술교재를 집필하기로 결정했다.

저자들은 유아교사 자신이 미술을 즐길 때 유아에게도 가장 의미 있고 즐거운 미술놀이를 지원해 줄 수 있을 것이라는 확신을 가지고 유아교사의 미적 감수성을 향상시키는 것에 초점을 맞추어 이 책을 집필하였다. 그 결과, 이론과 실제로 들어가기에 앞서 '미술을 즐기는 교사 되기'라는 코너를 만들었다. 이 내용은 미술교과목을 시작하는 첫 주에 혹은 학기 전체에 걸쳐 교사 스스로가 미술을 즐길 수 있는 경험을 하나씩 쌓아가도록 도와줄 것이다. 그리고 이론편 각 장의 처음에는 '나의 학습동기 더하기'라는 코너를 만들어 예비유아교사들이 해당 내용에 대해 관심과 흥미를 가지고 학습할 수 있도록 하였다. 또한 본문 중에 예비유아교사 스스로 미적 감수성을 향상시키고 교수효능감을 증진시킬 수 있도록 '나의 미적 감수성 더하기' '나의 교수효능감 더하기'라는 워크숍 활동을 제시하였다.

또한 2019 개정 누리과정은 유아 · 놀이 중심 교육과정이다. 유아가 놀이하는 것을 관찰하며 미술교과와 관련하여 어떤 경험이 이루어지는지를 살피고, 미술 경험에 대한 흥미와 관심이 더욱 지속되고 확장될 수 있도록 지원하는 것이 교사의 역할로 더욱 강조되고 있다. 따라서 교사가 유아들을 위해 풍부한 미술 경험이 이루어질 수 있는 환경을 제공하는 것, 상호작용을 포함한 다양한 지원방법을 숙지하는 것이 더욱 중요해졌다. 이에 이 책에는 이러한 부분에 대한 고민을 바탕으로 관련 내용들을 더욱 자세히 다루고자 노력하였다.

유아교사 시절, 꽃다발을 받으면 꽃을 감싸고 있던 포장지와 리본을 쉽게 버리지 못하고 곱게 접어 출근 가방 속에 넣곤 했다. 비록 재활용품이기는 하지만 매력적인 재료를 받아 든 유아가 작은 손을 꼼지락거리며 무엇인가를 만들고 좋아할 모습이 떠올랐기 때문이었다. 여러분도 유아교사가 된 어느 훗날, 가방 속에 점점 다양한 종류의 재활용품을 설레는 마음으로 넣게 될 것이다. 늘 그렇게 유아들이 미술놀이를 통해 세상을 알아 가고 즐거움을 마음껏 느낄 수 있도록 도와주는 교사가 되기를 바라 본다.

끝으로, 이 책을 집필하며 저자의 자녀들이 미술을 통해 세상을 알아 가던 순간의 사진들을 참고자료로 곳곳에 활용하였다. 미술의 즐거움과 미술이 가진 힘을 보여 준 우리 아이들에게 감사의 마음을 전한다.

2020년 2월

저자 일동

차례

♥ 제2부 실제편 ♥

들어 가며

미술을 즐기는 교사 되기

대부분의 예비유아교사는 교사가 되기 위한 준비 과정에서 '유아미술교육'이라는 이 교과목을 이수하게 되는데, 그 이유는 유아들에게 있어서 미술활동이 매우 의미 있으며 교육적 가치도 크기 때문이다. 따라서 이 교과 수업을 통해 우리는 '어떻게 유아들에게 미술교과를 잘 가르칠 수 있을까?'에 대한 해답을 찾고자 관련 내용들을 숙지하고 이를 실제 수업활동으로 수행하는 능력을 길러야 한다.

그렇다면 예비유아교사가 미술교육을 잘하기 위해서 우선적으로 갖추어야 할 소양은 무엇일까? 여기서는 유아미술교육의 본 내용으로 들어가기에 앞서, 유아교사가 미술교육을 효과적으로 수행하기 위해 기본적으로 갖추어야 할 지식과 기술, 태도에 대해 생각해 봄으로써 향후 이루어질 교육에 대한 필요성을 인식하게 하고 학습하고자 하는 내적 동기를 마련하고자 한다.

예비유아교사는 유아들이 다양한 미적 경험을 할 수 있도록 어떤 준비를 해야 할까? 지금부터 유아교사가 미술과 관련하여 무엇을 알고 있어야 하고, 어떤 기술이 필요하며, 태도는 어떠해야 하는지 생각해 보자.

미술교육을 위해 유아교사에게 요구되는 것은 무엇일까요?

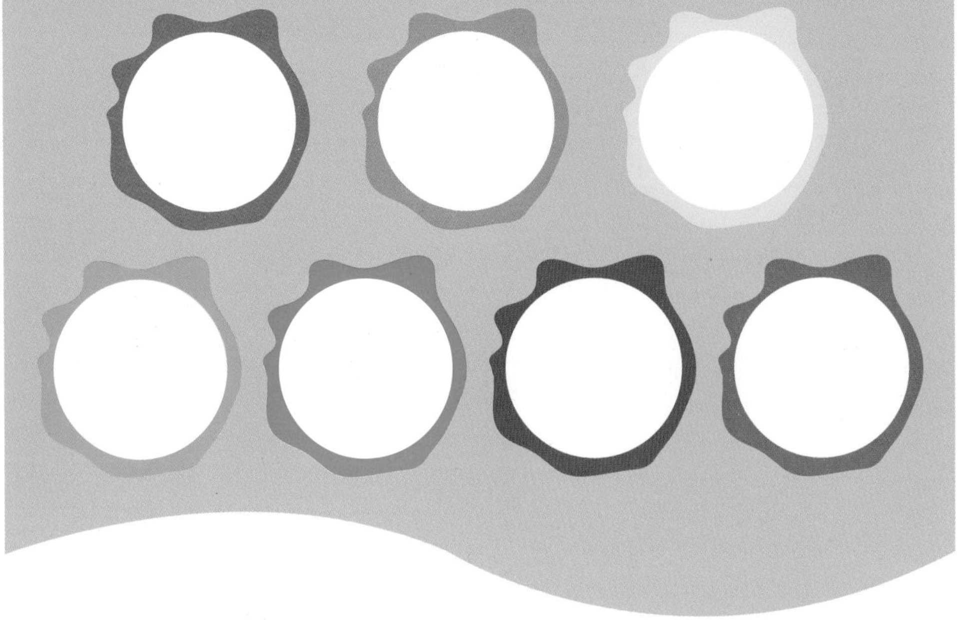

바람직한 미술활동을 하기 위해 유아교사에게 요구되는 능력으로 무엇을 생각했는가? 아마도 미술의 역사나 미술작품과 같은 미술 관련 지식을 잘 이해하고 있는 것, 그림을 잘 그리는 것과 같이 직접 미술을 행하는 뛰어난 기술, 미술을 감상하고 표현하는 것 자체를 즐기는 태도, 잘 가르치는 능력, 유아미술 발달에 대한 이해 등을 떠올렸을 것이다. 그러나 이 중에서 가장 중요한 것, 다른 능력들을 기르기 위해서 선행되어야 하는 것을 선택해 보라고 한다면 무엇을 꼽을 수 있을까? 무엇보다도 유아교사가 미술에 대해 관심을 가지고 미술활동 자체를 즐기는 것, 그것이 유아들로 하여금 미술활동을 즐겁게 여기고 적극적으로 놀이하도록 돕기 위해 교사가 갖추어야 하는 전제조건일 것이다. 왜냐하면 교사 스스로가 미술을 알고 행하며 즐거움을 느껴 보아야, 유아들에게도 같은 경험이 이루어져야 하는 필요성을 느끼고 이를 위한 환경을 마련할 수 있기 때문이다. 김미남(2011)은 예비교사들이 미술에 대해 거리감을 느끼며 미술표현 자체를 막연히 두려워한다고 밝힌 바 있다. 이런 특성을 보이는 예비유아교사들이 유아들에게 미술 경험을 효과적으로, 바람직하게 제공할 것이라 기대하기는 어려우므로 예비유아

교사가 미술과 미술활동에 대한 인식을 새롭게 하는 것은 매우 중요한 일이다. 따라서 이 장 '미술을 즐기는 교사 되기'에서는 예비유아교사가 그간 미술과 관련하여 어떤 경험을 했고 그 과정에서 미술에 대해 가지게 된 생각은 무엇인지를 살펴보며 자신이 미술에 대해 가지고 있는 인식을 점검하는 기회를 가지고자 한다. 더불어 예비유아교사가 미술을 새롭게 만날 수 있는 방법들을 제안하여 미술에 대해 가지고 있었던 선입견을 하나씩 변화시켜 나가며 미술을 즐기는 교사가 될 수 있도록 지원하고자 한다.

♣ '미술'에 대한 나의 생각 짚어 보기

지금부터 '미술'이란 무엇인지를 생각해 보고, 미술에 대한 자신의 생각을 은유법[1)]으로 표현해 보자. 미술을 무엇으로 표현했는지 친구들과 이야기를 나누어 보며 그렇게 표현한 이유도 함께 설명해 보자. 이 활동은 그동안의 경험으로 인해 나 자신이 미술을 어떻게 이해하고 인식하고 있는가를 점검해 보기 위한 것이다. 더불어 미술에 대한 사전적 혹은 전문적 정의를 접하기 전에 우리 자신이 가지고 있는 미술에 대한 개념의 이해 수준을 파악하기 위한 것이다.

1) 은유법은 사물의 본뜻을 숨기고 표현하려는 대상을 암시적으로 나타내는 것을 말한다. 즉, '내 애인은 한 송이 장미'라고 표현하는 것과 같은 비유법이다.

미술을 무엇이라고 생각하는지를 친구들과 비교해 본 결과가 어떠한가? 지금까지 가지고 있던 미술에 대한 인식에 따라 미술을 단지 그림을 그리는 것 자체로만 받아들여 단순하게 표현했을 수도 있고, 매우 넓은 의미로 미술을 바라보며 그것이 가진 특성들을 다양하게 표현했을 수도 있다. 미술에 대한 인식에 있어서 왜 이렇게 차이가 나타나게 되었을까? 각각의 은유적 표현에 대한 이유들을 살펴보면 그러한 인식을 가지게 된 이유를 부분적으로나마 이해할 수 있을 것이다.

이처럼 사람들마다 미술 또는 미술활동에 대해 특성이라고 여기는 것, 중요하게 생각하는 것에 모두 차이가 있음을 알 수 있다. 미술에 대한 나름의 인식들을 가지게 되기까지 각 개인이 미술과 관련된 어떠한 경험들을 해 왔는가가 많은 영향을 미쳤을 것이다. 그럼, 다음에서 미술과 관련한 나의 경험들을 회상하며 좀 더 구체적으로 미술에 대한 나의 인식을 점검해 보자.

♣ 미술 관련 경험 회상하기

이제부터는 내가 어렸을 때부터 지금까지 가정에서 또는 초 · 중 · 고등학교를 다니면서 했던 미술 관련 경험들을 떠올려 보자. 그림을 그리며 놀았던 어린 시절, 가족이나 친구들과 함께 미술관에 갔던 추억, 사생대회에 참여하기 위해 고궁을 찾았던 그때, 학교 미술시간 혹은 미술학원에서의 경험 등 나의 삶 속에서 미술과 관련된 경험은 떠올려 보면 매우 다양할 것이다. 그중에서 가장 의미 있게 느껴지는 경험은 무엇인가? 지금까지 미술에 대한 나의 생각에 가장 영향을 미친 경험은 무엇인가?

가위, 도화지, 크레파스와 같은 기본적인 재료 외에도 내 주변에서 미술재료로 사용할 수 있는 많은 것을 한데 모아 놓고, 다음에서 제시하는 바에 따라 옛 경험, 생각들을 떠올려 보고, 나의 이야기를 가장 잘 전할 수 있는 재료를 이용하여 마음껏 표현해 보자. 그 후 친구들에게 내 작품을 보여 주고 어떤 이야기가 담겨 있는지를 소개해 보자. 소개를 해 주기 전에 친구들이 예상해 보도록 하는 것도 좋다. 그간 미술에 대해 긍정적인 느낌을 가지고 있었다면 다행이지만, 부정적인 느낌이 더 많았다면 그것을 해소하고 긍정적인 경험들을 더 쌓아 갈 수 있는 계기를 이러한 활동을 통해 마련해 보고자 한다.

미술, 나에게 너는……

〈재료〉 도화지, 가위, 접착제, 크레파스, 그 외 미술재료 등

〈활동방법〉

눈을 감고 마음을 가라앉혀 보자. 이제 눈을 뜨고 다음 지시문을 천천히 주의하며 읽어 보자. 다음의 지시사항들은 과거의 진정한 경험에 시각적이고 감각적으로 참여할 수 있도록 도와줄 것이다.

① 평소와는 다른 장소, 다른 시간으로 떠나 보자. 다음의 지시문을 보며 기억의 지도에서 가장 강력한 미술 경험을 떠올려 보자.
  - 그 일은 어디에서 일어났는가?
  - 몇 분간 눈을 감고 마음속으로 그 공간을 다시 만들어 보자. 가장 기억에 남는 특정한 사건을 떠올려야 한다.
  - 그 장소에 다른 사람들도 있는가? 있다면 어떤 사람들이 있는가?
  - 무엇을 하고 있는지 가능한 한 자세히 떠올려 보자.
  - 재료는 무엇인가? 마음의 눈으로 그곳에 있는 물건들을 만져 보자.
  - 누군가 이야기를 하고 있는가? 만약 그룹 활동을 하고 있다면 다른 구성원들은 어떠한가?

그들의 말과 행동을 살펴보자.

② 지금 떠올리고 있는 미술 경험에 대한 느낌을 정리해 보자. 이 경험에 대한 느낌이 어떠한가? 편안한가? 흥분되는가? 아니면 불안하고 주저하게 되는가?

③ 다양한 재료 중에서 미술 경험에 대한 생각과 느낌을 표현하기에 가장 적절한 재료는 무엇인가? 경험에 대한 생각과 감정을 가장 잘 드러나게 하는 색상이나 모양도 생각해 보자.

④ 이제 모아 둔 재료를 이용하여 당신의 강렬한 미술 경험과 그에 대한 생각이나 느낌을 표현하는 작품을 만들어 보자.

출처: Keifer-Boyd & Maitland-Gholson (2010).

우리가 어렸을 때부터 지금까지 많은 미술 경험을 해 왔다. 그런데 그 미술 경험들이 나에게 좋은 인상을 남겨 주어서 '미술은 참 재미있는 활동이고 놀이야.'라고 생각하게 될 수도 있지만, '미술은 정말 어려워!' '잘 못 하니까 안 하고 싶어져!'와 같은 부정적 인상을 남겨 주었을 수도 있다. 나는 어디에 속하는가? 이런 느낌을 가지게 된 구체적인 이유는 무엇인가? 미술활동 자체가 재미없었는지, 재료가 다루기 어려운 것이었는지, 결과가 좋지 않았는지, 타박하는 친구나 교사가 그 자리에 있었는지…… 이유가 무엇이었든지 몇 번의 좋은 혹은 좋지 않은 경험이 바로 지금 내가 미술과 미술활동에 대해 가지고 있는 인식을 좌우한다는 것을 활동을 통해 알 수 있었을 것이다. 이것은 결국 유아들이 미술을 즐거운 활동으로 여길지, 다시는 하고 싶지 않은 활동으로 여길지가 유아교사가 될 우리의 손에 달려 있음을 보여 준다.

유아교사가 미술과 관련하여 즐거웠던 경험이 많아 미술에 대한 긍정적 인식을 가지고 있다면 유아교육현장에서 유아들과 함께 하는 미술활동은 어떤 모습일까? 미술과 관련된 다양한 경험이 가능하도록 계속 새로운 무언가를 찾고 그것을 유아들에게 제공하여 유아들이 재미있게 미술놀이를 하는 것을 보며 뿌듯함을 느끼고 있는 교사의 모습이 떠오른다. 그러나 반대로 유아교사가 미술에 대한 부정적 경험이 많다면 어떨까? 아마도 교사가 미술활동 자체를 꺼리게 되고 유아들이 하는 미술놀이를 지원하는 데 한계가 생길지도 모르겠다. 내가 이런 경우에 속한다면 지금부터라도 미술을 새롭게 만나고 즐기는 경험을 하면서 긍정적인 인식이 자랄 수 있도록 노력해 보자.

♣ 미술, 새롭게 즐기기

아름다움을 찾으라!

내 주변에서 아름답다고 생각하는 것을 찾아, 핸드폰을 이용해서 사진으로 남겨 보자. 아름다움은 나와 내 친구의 몸, 소지품에서 찾을 수도 있고, 강의실 안에 있는 다양한 시설물로부터 찾을 수도 있다. 이뿐만 아니라 창밖으로 보이는 자연 속에도 아름다움은 즐비하다. 아름다움을 찾아보려는 의도적 노력을 통해 그동안 크게 의미를 두지 않고 바라보았던 사람과 사물 그리고 자연이 우리에게 더욱 의미 있게 다가올 것이라 믿는다.

내가 마음에 드는 모습이 잘 드러날 때까지 여러 번 사진을 찍어 보자. 친구들에게 사진을 보여 주며 내가 왜 이것을 아름답다고 생각했는지 이야기를 들려주자. 모양이 무엇을 닮아서 아름다워 보였는가? 색깔이 아름다웠는가? '그냥……'이라는 소극적인 반응에서 벗어나 나의 생각을 마음껏 이야기해 보자. 상대방이 아니라고 해도 어쩔 수 없다. 그냥 내 마음이 아름답다고 느꼈으면 그것으로 족하다.

오늘부터 누군가를 만나고 어딘가를 가며 주변에서 아름다움을 찾는 노력을 해 보자. 이러한 노력은 아름다움을 찾아내는 미적 감수성을 높여 줄 것이다. 내가 아름답다고 느끼는 것들에 어떤 공통점이 있는지 생각해 보고 친구와 내가 느끼는 아름다움의 차이점을 비교해 보는 것도 재미있을 것이다.

주저하지 말고 마음껏 표현하라!

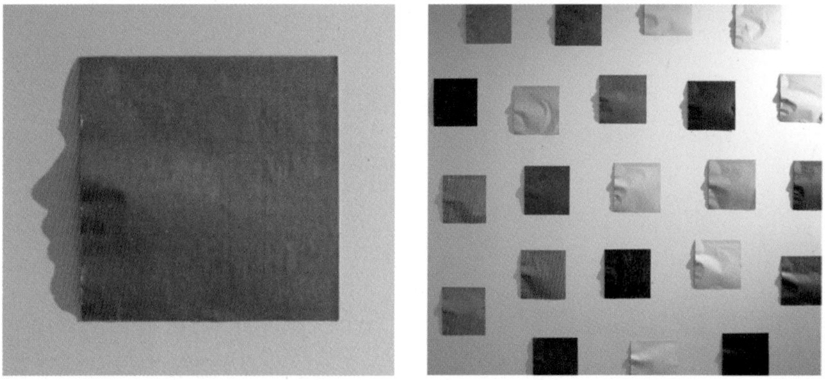

〈ORIGAMI〉(Kumi Yamashita, 2011)

출처: Kumi Yamashita 홈페이지.

이것은 그림자 아티스트 Kumi Yamashita의 작품이다. 색종이에 구김을 넣었는데, 조명을 비추니 사람의 옆얼굴이 보인다. 우리도 종이를 한 장 가지고 와서 간단한 굴곡을 만들고 핸드폰의 플래시를 켜 보자. 종이에 빛이 닿으며 생긴 그림자는 어떤 모습을 하고 있는가? 갑자기 굴곡을 더 만들어 보고 싶고, 조금 뾰족하게도 표현해 보고 싶어지는가? 지금부터 우리가 그림자 아티스트가 되어 보자. 꼭 사람의 옆얼굴이 아니어도 좋다. 내가 만든 그림자에 의미를 부여하면 그것이 작품명이 될 것이다. 완성된 작품은 사진으로 남겨서 각자의 작품을 친구들과 공유해 보자.

감상하기를 즐기라!

지금부터 미술작품 감상을 위해 미술관으로 떠나 보자. 내 앞에 놓인 작품들을 살펴보며 각각의 작품이 우리에게 어떤 이야기를 하고 싶은지 살펴보기로 하자. 작품에서

〈파적도〉
(김득신, 18세기 후반 추정)

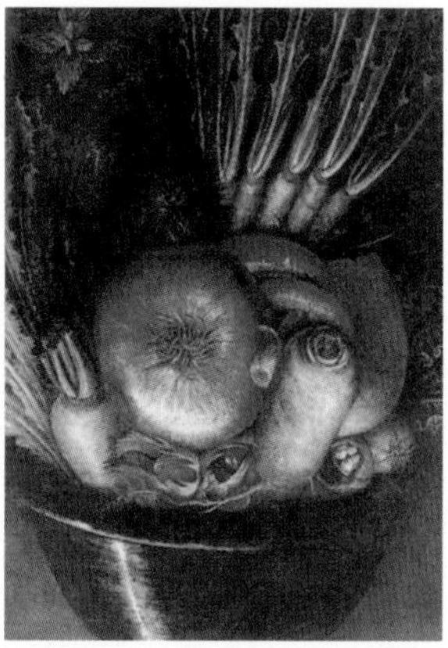

〈정원사(The Vegetable Gardener)〉
(Giuseppe Arcimboldo, 1590)

느낀 바를 친구들에게 소개해 보자.

각각의 작품과 이야기를 잘 나누었는가? 처음 본 순간 어떤 느낌이 가장 먼저 들었는가? 무엇에 가장 오랜 시간 눈이 멈추었는가? 무엇처럼 보이는가? 무엇을 표현하고 싶었던 것 같은가? 화가는 우리에게 무엇을 이야기하고 싶었던 것일까? 화가들은 작품을 통해 우리에게 메시지를 전달하고 있다. 그것을 보며 어떤 이야기를 나눌 것인가는 우리에게 달려 있다. 전문가가 이 작품들에 대해 설명해 주는 이야기를 듣는 것도 매우 흥미롭다. 그러나 그전에 내가 먼저 진솔하게 작품과 대화를 나누어 보자. 그것에 '맞다' '틀리다'는 없다.

♣ 미술을 통한 소확행 실천하기

유아미술교육 교과목을 수강하면서 '유아들에게 어떤 목표를 가지고 어떤 활동들을 어떻게 제공하고 평가는 어떻게 할 것인가?'와 같이 유아미술교육을 위한 교과교육론 자체에만 너무 집중하지 않기를 바란다. 그것들을 아는 것이 매우 중요하나, 그것이 전부는 아니다. 유아교사는 유아들이 자연스럽게 미술로써 세상을 표현하고 자신의 생각과 느낌을 나타낼 때, 더욱 즐겁고 다양하게 표현할 수 있도록 지원해 주는 역할을 해야 한다. 그런데 유아교사 스스로가 미술에 대한 흥미를 느끼지 못하고 즐거움을 찾지 못한다면 이러한 지원을 해 주는 데 한계가 분명히 있을 것이다. 그러니 예비유아교사가 생활 주변에서 아름다움을 찾고, 미적 표현을 즐기며, 감상을 통해 심미감을 길러 보기를, 그래서 작은 시도이지만 그 속에서 미술을 하는 즐거움과 행복을 만끽해 보기를 바란다.

한 학기 동안 유아미술교육을 공부하면서 예비유아교사인 나부터 미술과 친해지는 경험을 해 보자. 지금부터 현실적으로 실행에 옮길 수 있는 활동들을 중심으로 하고 싶은 것을 정해 보자. 혹시나 무엇을 해야 하는지에 대한 고민을 너무 많이 하게 될까 봐 몇 가지를 제시해 본다. 이 외에도 필요하다고 생각되는 것을 무엇이든지 추가해 보자.

- 미술관 관람하기: 미술관에서 가장 기억에 남는 작품을 1~2개 선정해 보자. 왜 그 작품이 의미 있게 다가왔는가? 작품에 대해 궁금한 것들을 인터넷을 통해 더 알아보자. 지금부터 내가 그 작품의 도슨트[2)]가 되어 보는 것이다.
- 특별한 미술전시회 찾아보기: 최근 미술과 과학기술의 만남을 통해 색다른 미술작품들이 소개되고 있으며 작품을 체험해 볼 수 있는 기회들도 점점 늘어 가고 있다. 화가들의 창의적 사고를 엿보며 우리도 새로운 미적 경험을 하고 반짝이는 아이디어도 얻는 기회를 가져 보자.
- '생활 속 아름다움' 포트폴리오 만들기: 학교로 오는 길, 집으로 가는 길, 숲속을 걷거나 시내를 돌아다니면서 문득 내 눈에 들어오는 아름다운 장면을 사진으로 남겨 보자. 그리고 어디에서 어떻게 찍었고, 어떤 아름다움을 느꼈는지 간단하게 메모를 남겨 보자. 온라인이나 오프라인 모두 좋다. 내가 편한 방법으로 해 보자.
- 신기한 재료를 찾아서: 서울의 방산시장처럼 다양한 재료가 있는 곳을 찾아가 보자. 미술재료로 알려진 것은 물론이고, 여러 재료를 보면서 '나라면 무엇을 표현할 때 이 재료를 사용할 수 있을까?'를 생각해 보자. 그리고 메모하는 것을 잊지 말자. 재료 탐색을 위해 찾아갈 곳으로는 대형 문구점도 좋고, 플리마켓도 좋다. 직접 눈으로 보고 손으로 만져 볼 수 있다면 가장 좋은 경험이 될 것이다.

또 무엇을 하면 미술이 참 재미있음을, 미술로 인해 내 삶이 풍요로워질 수 있음을 알 수 있을까? 좋은 방법이 있다면 서로 공유해 보기를 바란다.

---

2) 도슨트는 박물관이나 미술관 등에서 관람객들에게 전시물을 설명하는 안내인을 말한다.

제1부

이론편

교사가 유아의 미술놀이를 효과적으로 지원하기 위해서는 유아미술교육 전반에 대한 이론을 명확하게 이해하는 것이 중요하다. 이론편에 대한 학습을 통해 유아의 미술 발달 특성에 대한 이해를 토대로 유아미술교육의 목표, 내용, 방법, 평가와 관련된 내용을 숙지하며 유아미술교육에 대한 자신만의 철학을 만들고 전문성을 기를 수 있을 것이다.

제1장

유아미술교육의 이해

나의 학습동기 더하기

'미술작품'을 찾으라!

다음의 사진 속에 보이는 것을 '미술작품'과 '미술작품이 아닌 것'으로 구분해 보아요. 어떤 것이 미술작품인가요? 미술작품이 아니라고 생각한 것은 어떤 이유 때문인가요?

고구려 벽화 〈수렵도〉

동대문 디자인 플라자(DDP)

화장실 변기

바닷가 모래성

유아의 그림

길거리 벽면의 낙서

'미술작품'과 '미술작품이 아닌 것'으로 구분한 이유에 근거하여 미술 또는 미술작품에 대한 나만의 정의를 내려 보기로 해요.

- 미술이란?

- 미술작품이란?

이 장에서는 유아미술교육의 개념, 필요성과 목적, 교육적 의의 등을 살펴보며 유아미술교육을 왜 해야 하고, 무엇을 지향해야 하는지에 대해 알아보기로 해요.

1. 유아미술교육의 개념

우리는 일상생활 속에서 무언가를 보며 '아름답다!'라고 종종 말한다. 그 대상은 자연 혹은 사람일 수도 있고, 화가가 남긴 멋진 작품일 수도 있다. 어떠한 대상을 보며 마음속에서 느껴지는 아름다움에 대한 만족감을 우리는 '미(美)'라고 일컫는데(양소영 외, 2010), 사람이 느끼는 '미'에 대한 생각과 판단은 개인에 따라 다르므로 같은 대상을 보면서도 누군가는 아름답다고 느끼지만, 누군가는 그렇지 않을 수 있다. 또한 '미'를 느꼈을 때 자신의 감정을 표현해 내는 방식도 각기 달라서 사람에 따라 글, 몸, 소리, 그림 등의 방법을 사용하게 되는데, 일반적으로 쉽고 편하게 표현하는 수단으로 그림을 포함한 미술을 떠올리게 된다.

미술은 음악, 문학, 무용 등과 함께 예술의 여러 장르 중 하나로 '시각예술'이라고 지칭한다. 미술(美術)의 사전적 의미를 살펴보면, 미술대사전에서는 시각적 · 공간적 미를 표현하는 조형예술로(한국사전연구사, 1998), 표준국어대사전에서는 공간 및 시각의 미를 표현하는 예술로 그림 · 조각 · 건축 · 공예 · 서예 따위를 일컫는다(국립국어원 표준국어대사전)고 정의되어 있다. 또한 두피디아에는 미술이 일정한 세계상 · 인간상을 미적 · 조형적으로 표현하는 예술로 기술되어 있다. 즉, 미술은 아름다움을 눈으로 볼 수 있도록 표현하는 것을 의미한다. 좀 더 구체적으로 미술은 감각기관을 통하여 보고 느끼고 생각한 것을 시각적으로 형상화하고 다양한 시각적 요소를 활용하여 의미를 가진 무언가로 표현하는 과정(오연주, 2005)이라고 정의할 수 있다.

이러한 정의를 바탕으로 미술작품을 떠올려 보면, 유명한 작가들에 의해 만들어진 회화나 조각작품들이 하나씩 눈앞에 선하게 나타날 것이다. 일반적으로 미술을 회화나 조각으로 한정하기 쉬우나, 이 세상에 존재하는 모든 시각적인 요소가 미술작품이 될 수 있다. 다시 말하면, 사람이 보는 모든 것이 미술이 될 수 있다는 것을 의미하며, 회화는 물론이고 조그마한 낙서에서 시작해서 만화, 애니메이션, 일러스트레이션, 서예, 사진과 같은 2차원적인 미술, 더 나아가 조소, 공예, 건축, 패션 등의 3차원적인 미술이 모두 미술인 것이다. 또한 기술의 발달로 인해 비디오 아트, 컴퓨터 그래픽 등이 미디어

[그림 1-1] 미술의 시작, 끼적이기

아트라는 새로운 형태의 미술로 주목받았고, 그 이후 디지털 아트로 이어지면서 미술의 범주가 더욱 넓어지고 있음을 알 수 있다.

미술의 범주를 생각해 보니, 미술이 우리의 생활 주변에 항상 존재하며 삶에 많은 영향을 미친다는 것을 느끼게 된다. 쉬운 예로, 우리가 생활용품을 구입할 때 선택의 기준이 되는 것은 무엇인가? 그 제품이 가진 실용적인 측면이 우선시되기는 하겠지만, 미적인 측면을 함께 고려하는 것이 일반적이다. 게다가 자신의 미적 안목을 이용하여 자신에게 어울리는 옷과 액세서리로 스타일링을 한다든지, 다양한 필터링 효과를 이용하여 아름다운 사진을 연출하고 그것을 SNS에 올리는 등의 노력을 기울이는 것은 인간이라면 누구나 아름다움을 갈구하고 더 나아가 창조해 내고자 하는 본능이 있으며, 그것을 즐기고 있음을 증명한다.

그렇다면 유아들은 어떨까? Piaget(1950)는 인간이 태어나면서부터 잠재된 무의식의 세계에서 본능적으로 자기표현을 하게 되는데, 자신의 생각을 실현하는 것이 말로는 충분치 않아 몸짓이나 대상물로 상징해 내고 사물을 묘사하기 위해 모방이나 그림으로 표현하려는 욕구를 가지고 있다고 하였다(오연주, 2005에서 재인용). 이러한 본능적인 자기표현의 욕구로 인해 어린 영아도 손의 소근육이 발달함에 따라 다양한 쓰기도구를 움켜잡고 끼적이는 모습을 보여 주는데, 이것이 미술활동의 시작이라고 할 수 있다(이소은, 권기남, 2017). 유아는 대·소근육을 자유롭게 움직이고 조절하는 능력이 생김에 따라 더욱 다양한 미술재료를 이용하여 자신이 표현하고자 하는 대상을 직접 나타내고, 자신의 생각과 느낌을 마음껏 표현하는 경험이 증가한다. 또한 미적 요소에 대한 이해를 토대로 자신의 주변에서 아름다움을 발견하여 감상하며 호불호를 나타내기도 한다. 이와 같은 미적 경험은 시간과 장소를 불문하여 나타나고, 유아는 그 어떤 놀이보다 미술놀이에 흥미를 보이며 미적 경험의 양과 질을 확장해 나간다.

따라서 미술교육은 미적 재능이 있는 일부 학습자를 전문적 미술인으로 성장시키기 위한 것이 아니라 일반 학습자들이 삶 속에서 시각적인 아름다움을 향유하고 미술을 자기표현의 수단으로 활용하며 즐거움을 찾는, 즉 인간이 기본적으로 가지고 있으면 좋을 미적 소양을 기르기 위한 교육을 의미한다. 더욱이 Lowenfeld와 Brittain(1993)은 미적 경험이 조화로운 인간 형성과 창의성 계발을 위해 매우 중요하다고 지적하고 있는데, 이는 모든 발달에 있어 결정적 시기에 있는 유아에게 미술교육이 더욱 큰 의미를 가지는 이유이기도 하겠다.

이에 유아미술교육을 유아들이 미술을 통해 심미적 탐색과 감상 경험을 하고, 다양한 자료와 매체를 활용하여 창의적으로 표현하며 정서를 함양하고 전인적 인간으로 성장하도록 돕는 교육(박혜훈, 2018)으로 개념화할 수 있다.

2. 유아미술교육의 필요성 및 목적

1) 유아미술교육의 필요성

미술은 유아가 자기 주변의 사물이나 자연을 탐색하며 아름다움을 찾고 심미감과 미적 안목을 기르도록 하는 한편, 자신의 내면세계를 구체화하여 시각적 형태로 나타내는 자발적인 자기표현의 수단이 된다. 특히 언어 발달이 미숙한 유아들에게 자신의 생각과 느낌을 그림으로 또는 다양한 미술재료를 이용하여 나타내는 것은 그 어떤 방법보다 수월한 표현 방법이고 즐거운 놀이임에 틀림없다. 또한 미적 경험이 이루어지는 가운데 창의성과 상상력이 증진되고 유아의 신체, 인지, 정서, 사회성 등 전인 발달을 이끄는 데 매우 효과적이므로 미술교육의 필요성이 더욱 강조되고 있다. 유아에게 왜 미술교육이 필요한지를 좀 더 구체적으로 살펴보면 다음과 같다.

(1) 미술은 자기표현의 방법이다

유아는 본능적으로 자신이 보고 느끼고 생각하고 경험하고 상상하는 모든 것을 자발적으로 표현하고자 하는 욕구가 있다. Lowenfeld와 Brittain(1993)은 미술이 외부로부터 주어지는 간섭 없이 자유롭게 자신의 내면을 표현하는 자아표현의 방법임을 강조하였으며, 전성수(1993)도 유아가 미술활동을 통해 개성을 나타내고 자신의 느낌을 표출하며 자신의 성장을 드러내기도 하고 자신 및 자신을 둘러싼 환경과 의사소통하게 된다고 하였다. 특히 언어적 의사소통이 활발하지 못한 시기에 미술교육은 언어적 방법이 아닌 비언어적 방법으로 자신을 자유롭게 표현할 수 있게 하므로(서울교대미술교육연구회, 2008) 의사소통의 수단으로서 중요한 의미를 가진다. 더욱이 유아 내면의 것을 외부로 표현하도록 도와 자아발달을 이끌어 내므로 미술교육을 통해 유아의 자기성장 및 자기실현을 기대할 수도 있다(김경철, 정혜승, 2015).

(2) 미술은 시지각을 발달시킨다

인간은 외부로부터 받아들이는 정보 중 많은 부분을 시각을 통해 받아들인다. 시각은 빛의 감각 및 그에 따르는 공간에 대한 감각으로, 이를 통해 물체나 대상의 크기와 형태, 빛, 밝기, 위치와 운동을 알 수 있다. 시지각은 시각을 통해 수용한 시각적 자극을 정확하게 보는 단순한 능력만이 아니라 외부환경으로부터의 시각적 자극을 선행 경험과 관련하여 인식하고 변별하며 해석하는 두뇌활동을 의미한다(한국교육심리학회, 2000). 시지각 능력은 유아 시기의 주요 발달 영역으로 관찰 능력과 시각적 자극에 선택적으로 반응하는 능력을 계발함으로써 발달할 수 있다. 미술교육은 아름다움을 탐색하고 작품을 감상하며 세계를 이루고 있는 시각적 현상들, 즉 모양이나 색, 공간과 질감, 평면과 입체 등의 요소 속에서 통일과 변화, 조화와 대비, 균형과 리듬 등의 원리를 발견하는 다양한 기회를 제공한다. 이러한 시지각에 대한 감수성은 미적 안목의 발달을 돕는다. 이에 전성수(1993)는 미술교육이 시지각과 미적 안목을 길러 생활 주변에서 시각적 관계를 바로 보고 느낄 수 있도록 한다는 점에서 그 필요성을 강조하였다.

(3) 미술은 심미감을 발달시킨다

유아는 자유롭고 능동적으로 미적 경험을 축적해 감으로써 일상에서 미적인 것을 즐기고, 미적 감수성을 개발하여 생활에 응용할 수 있는 미적 능력을 기르게 된다(이원영, 임경애, 김정미, 강유진, 2019; Eisner, 1995). 즉, 유아는 미적 요소와 원리 등에 입각하여 자신을 둘러싸고 있는 주변 환경의 아름다움을 탐색하고 다양한 미술작품을 감상하면서 폭넓은 미의식과 심미감을 발달시키게 되고, 아름다움에 관한 감동과 기쁨을 맛보게 된다. 또한 자신의 생각과 느낌, 감정 등을 미술로 표현하면서 나름의 미적 구조를 만들어 내는데, 이때 색, 선, 형, 공간과 질감을 질서 있게 배열하고 조화를 이루도록 구성하면서 자연스럽게 심미감이 발달된다. 이렇게 유아가 스스로 아름다움을 느끼고 그것을 즐기는 것은 앞으로의 삶이 정서적으로 윤택해지는 밑거름이 되기도 한다. 따라서 유아미술교육은 유아가 다양한 형태로 미술이 녹아 있는 환경에서 아름다움을 찾고 그것을 즐기며 심미감을 기르기에 매우 적합한 교육이라고 하겠다.

(4) 미술은 창의성을 발달시킨다

아름다움을 지각하는 것 그리고 미술로 표현하는 것에 있어서 한 가지 정답만 존재하는 것은 아니다. 미술이기에 다름이 용인되고, 오히려 다르다는 것에 더 많은 가치를 둔다. Lowenfeld와 Brittain(1987)은 유아가 크레파스를 손에 쥐고 끼적거리며 새로운 것에 대한 흥미를 시각적으로 표현하면서부터 창의성의 기본 요소인 민감성이 발달하기 시작한다고 하였다. 또한 Koster(2001)는 미술활동 속에서 자신의 생각, 느낌, 경험을 다양한 재료를 사용하여 각기 다른 방법으로 독창적인 표현을 할 수 있다고 하였다. Alter(2010) 역시 미술교육을 통해 학습자가 미술 및 기타 시각 매체에 반응할 때, 자신의 생각을 보다 혁신적이고 모험적으로 이끌어 가게 되므로 창의성 발현에 도움이 된다고 하였다. 이처럼 유아미술교육은 시각적인 아름다움을 찾기 위해 다각적인 탐색을 하고, 미적 표현을 위해 다양한 재료와 도구를 이용하여 실험과 창작의 과정을 경험하게 하면서, 독창적이고 유연하며 융통성 있게 생각하는 창의성을 발달시킨다.

2) 유아미술교육의 목적

최근 2019 개정 누리과정이 고시되면서 추구하는 인간상이 건강한 사람, 자주적인 사람, 창의적인 사람, 감성이 풍부한 사람, 더불어 사는 사람 등 다섯 가지로 제시되었다. 미술과 관련된 교육적 경험이 궁극적으로 지향하는 바를 고려할 때, 유아미술교육은 '감성이 풍부한 사람'이라는 인간상과 가장 관련이 깊어 보인다. 감성이 풍부한 사람은 예술과 문화를 사랑하고 존중하며 자신을 둘러싼 주변 세계에 경이감과 아름다움을 느끼고 즐길 수 있는 풍부한 문화적 감수성을 지닌 사람을 뜻한다(교육부, 보건복지부, 2019). 4차 산업혁명시대를 맞이하며 나오고 있는 미래사회에 대한 전망을 살펴보면, 공통적으로 예술과 감성의 시대를 제시하며 예술문화 영역이 더 강화될 것으로 예견하고 있다(장연자, 이주연, 2018). 이는 미래 인재가 갖추어야 할 기본 능력으로 예술적 감성을 강조하고 있는 것으로, 이러한 배경이 개정 누리과정에도 영향을 미쳤을 것이다. 이에 국가 수준의 교육과정에서 제시한 인재상과 목적 등을 반영하여 유아미술교육의 목적과 목표를 다음과 같이 정리하였다.

*** 유아미술교육의 목적**
미적 경험을 통해 풍부한 감성과 창의성을 기르고 전인적인 발달을 이루는 것이다.

*** 유아미술교육의 목표**
첫째, 자연과 생활 및 예술에서 아름다움을 느낀다.
둘째, 미술적 요소에 관심을 갖는다.
셋째, 다양한 미술활동을 통해 자신의 생각과 느낌을 표현한다.
넷째, 창의적 미술표현을 즐긴다.
다섯째, 다양한 미술작품 감상하기를 즐긴다.

유아미술교육의 목표를 좀 더 구체적으로 살펴보면 다음과 같다.

(1) 자연과 생활 및 예술에서 아름다움을 느낀다

유아기에 미적 감각을 기르고 심미적 태도를 형성하는 것은 삶에서 정서적 풍요로움과 행복감을 얻는 기본 역량이라는 점에서 매우 중요하다. 이에 유아가 자연과 자신의 주변 환경에서 자발적으로 아름다움을 찾고 그 느낌을 자유롭게 표현하는 활동 자체를 즐길 수 있도록 해야 한다. 이때 유아가 다른 친구가 느끼는 아름다움에도 관심을 가지고 그 느낌을 교감할 수 있게 하여 아름다움을 느끼는 활동의 즐거움을 향상시킬 수 있다.

(2) 미적 요소에 관심을 갖는다

유아가 자연과 생활 및 예술에서 아름다움을 느끼기 위해서는 그 아름다움을 구성하고 표현하는 미적 요소가 무엇인지를 이해하고 미적 요소에 근거하여 아름다움을 지각하는 것이 중요하다. 유아기는 시지각을 이용하여 미적 요소를 인식할 수 있는 기초 능력이 발달되는 시기이므로, 유아가 시각적 대상이 보여 주는 색, 모양, 질감, 공간 등의 미적 요소에 대해 주의를 기울여 아름다움을 느끼도록 해야 한다. 이러한 과정에서 유아는 미적 요소들이 가진 특징들을 발견하고 그 차이를 탐색하는 능력을 기르게 될 것이다.

(3) 다양한 미술활동을 통해 자신의 생각과 느낌을 표현한다

유아는 시각적 매체를 이용하여 자신의 경험과 내면세계를 표현하는 것을 본능적으로 좋아하여 자발적으로 참여하는 경향을 보인다. 그러므로 유아의 발달적 특성과 흥미, 안전 등을 고려하며 다양한 미술활동을 경험하도록 지원함으로써 자유롭게 미술표현을 하고 그 과정을 즐길 수 있도록 해야 한다. 여러 가지 재료와 도구를 활용해 보는 경험이 지속될 때, 유아는 어떤 재료를 이용해서 어떻게 표현할 것인가에 대한 계획을 세우고 직접 실행에 옮기며 자신의 생각과 느낌을 더욱 자유자재로 표현할 수 있게 될 것이다.

(4) 창의적 미술표현을 즐긴다

미술표현의 과정에서 유아는 미술활동을 통해 자신의 내면을 표현할 수 있음을 알게 되고, 보다 적극적으로 표현을 시도함으로써 만족감을 느끼게 된다. 이때 결과보다는 과정을 중요시하고, 한 가지 방법으로 활동을 하는 것보다는 자유롭고 다양한 방법으로 미술활동에 참여하도록 하며, 개별적 표현을 격려하는 허용적 분위기를 조성함으로써 자신의 창의적 미술표현이 가치 있음을 스스로 느끼도록 해야 한다. 또한 미술표현을 음악, 움직임과 춤, 극놀이 등의 예술표현과 서로 연계하여 통합하는 경험을 제공한다면 창의적인 표현이 더욱 증진될 수 있다. 이러한 경험의 축적은 유아로 하여금 창의적 미술표현활동에 주도적이고 적극적으로 참여하며 즐길 수 있도록 도울 것이다.

(5) 다양한 미술작품 감상하기를 즐긴다

자신과 다른 사람의 미술작품을 감상하는 경험은 감성, 미적 감각, 표현력 향상에 결정적 역할을 할 뿐만 아니라 유아가 일생에 걸쳐 접하게 될 미술에 대한 이해와 민감성 발달에도 긍정적인 영향을 준다. 또한 다양한 미술작품을 감상하며 서로의 표현 방법을 존중하고 다른 문화를 존중하고 이해하며 공유하는 경험이 가능하다. 더불어 우리나라 전통미술에 친숙해지고 전통미술의 독창적인 아름다움에 관심을 갖도록 하는 것도 중요하다. 이러한 경험의 누적을 통해 유아는 궁극적으로 다양성을 인정하게 되고 풍부한 감성과 심미적 태도를 길러 다양한 형태의 미술작품 감상을 자연스럽게 즐기게 될 것이다.

나의 미적 감수성 더하기

나는 미술관에 얼마나 자주 가는가?

통계청에서는 2019년을 기준으로 지난 1년간 문화예술(음악, 연극, 무용, 영화, 유물, 예술품, 미술)을 관람한 적이 있는 사람들의 비율을 조사했답니다. 문화예술 관람이 다양한 경로로 삶의 질에 영향을 미치기 때문에 그 경향성을 살펴보기 위함이라고 할 수 있어요. 여러분의 지난 1년을 돌아볼까요? 음악, 연극, 무용, 영화, 유물, 예술품, 미술로 나누어서 생각해 볼 때, 1년 동안 몇 번씩 관람하였는지 체크해 보기로 해요. 어떤 문화예술을 가장 많이 관람하였나요? 미술관을 다녀온 것은 몇 회 정도 되나요?

우리나라 성인을 대상으로 조사한 결과는 다음과 같아요.

구분	음악 · 연주회	연극 · 마당극 · 뮤지컬	무용	영화	박물관	미술관	합계
관람률	16.5%	13.7%	1.0%	58.4%	15.7%	13.0%	63.6%

출처: 통계청 홈페이지.

문화예술 관람률은 1990년 33.4%였던 것에서 2019년 63.6%로 2배 가까이 증가했어요. 이것은 문화예술을 향유하고자 하는 욕구가 커지고 문화인프라와 문화산업이 성장했기 때문이라고 할 수 있어요. 문화예술의 종류별 관람률을 살펴보면, 영화 관람률이 가장 높고 무용 관람률이 가장 낮아요. 미술관을 관람하는 사람의 비율도 13.0% 정도로 매우 낮은 실정이에요. 대중문화와 순수예술 사이에 관람률 차이가 매우 크다는 것은 문화예술을 즐기는 데 있어서 편식을 하고 있다는 것을 의미해요. 문화예술의 종류를 망라하고 다양한 경험을 통해 여러분 스스로의 문화예술 감수성을 향상시켜 보는 것은 어떨까요?

3. 유아미술교육의 교육적 의의

미술교육은 유아의 전인적 성장과 조화로운 발달을 도모하므로 놀이 또는 교육활동으로서의 그 가치가 크다고 할 수 있다. 이에 발달의 측면에서 유아미술교육의 교육적 의의를 좀 더 상세하게 살펴보고자 한다.

1) 신체 발달

유아들은 재료를 탐색하고 그것을 활용하여 표현하는 미술활동을 하며 오감을 활용하는 것은 물론이고, 대 · 소근육을 움직이며 조절하고 눈과 손을 협응하는 기회를 가지게 된다. 미술영역에 점토를 내어 준 상황을 떠올려 보자. 미술재료로 점토가 제공되자, 유아들은 일단 눈으로 점토의 색깔과 모양을 살펴보며 손으로 만지거나 눌러 보고 코로 냄새를 맡아 보는 등 재료의 특성을 탐색한다. 점토로 무엇을 만들 것인지 고민하던 유아가 점토를 조금 떼어 내더니 두 손을 이용하여 뱀처럼 늘리기 시작한다. 길어진 점토로 동그란 모양을 만들어 쌓으며 떨어지지 않도록 점토 사이사이를 문지르고 있다. 이와 같은 미술활동 과정에서 오감 발달과 대 · 소근육 발달, 눈과 손의 협응 등이 자연스럽게 나타난다. 미술재료가 다양해질수록 오감을 활용하여 탐색하는 기회가 증가할 것이고, 대 · 소근육을 다양하게 움직이고 조절하는 경험도 하게 될 것이다. 따라서 유아의 연령과 발달 수준을 고려하여 다양한 미술재료를 제공해 주는 것은 신체 발달에 있어서도 매우 중요하다고 하겠다.

[그림 1-2] **미술교육과 신체 발달**

2) 인지 발달

유아들은 자연과 생활 속에서 다양한 미술작품에서 아름다움을 느낄 때뿐만 아니라 자신의 생각과 느낌을 미술로 표현하고자 할 때 다양한 사고의 과정을 거치므로 인지 능력의 발달을 도모하게 된다. 유아가 주변에서 아름다움을 찾기 위해서는 선, 색, 형태 등의 미적 요소들에 관심을 가지고 그 느낌에 대해 이야기하게 된다. 또한 유아가 무언가를 만들고자 할 때 어떤 재료를 이용해서 어떻게 오리고 붙일 것인지를 계획하고 직접 만들어 보는 과정에서는 다양한 문제해결능력이 요구된다. 즉, 표현하고자 하는 대상을 관찰하고 특성을 파악하며 각 재료의 물리적 속성과 사용 방법을 아는 것, 활동 과정의 순서를 정하고 인과관계를 파악하는 것 등 여러 사고과정을 통해 자신의 미술표현

[그림 1-3] **미술교육과 인지 발달**

이 지속될 수 있다. 찰흙을 이용해서 엄마와 함께했던 즐거운 추억을 표현하고자 한다면, 평소 엄마와 나를 종이와 같은 2차원 평면에 그림으로 그리는 경험은 많았지만, 이번에는 3차원 입체로 엄마와 나를 만들어 세워야 하는 도전과제가 부여되는 것이다. 또한 사람의 앞, 뒤, 옆모습을 복합적으로 고려하며 어떻게 하면 튼튼하게 세울 수 있을지 등도 생각해야 하는데, 이러한 과정에서 많은 인지적 능력이 요구됨을 알 수 있다.

3) 정서 발달

유아는 미술활동 속에서 아름다움을 느끼고 직접 아름다움을 창출하는 기회를 가지며 심미감이 향상되고, 자신의 생각과 느낌을 표현하며 정서적 안정감을 형성한다(Schirrmacher, 2006). 유아는 가을이 되어 색깔이 변화하는 나뭇잎을 바라보며 "와! 예쁘다! 무지개 색깔처럼 나뭇잎이 변하고 있어요."라고 감탄하기도 하는데, 이렇게 자신의 주변을 돌아보며 관심을 가지고 아름다움을 느끼는 경험 자체만으로도 미적 감각이 길러지며, 그러한 시선으로 세상을 바라보는 것은 심미감에 대한 감동과 기쁨을 경험하게 할 것이다. 또한 가족들의 모습을 그림으로 그리며 사랑을 표현하고 기뻤던 순간을 표현해 내거나, 슬펐던 혹은 화가 났던 상황들을 나타내면서 자연스럽게 긍정적 정서는 고양되고 부정적 정서는 순화되는 기회를 가지게 된다. 유아는 미술활동을 하면서 불안, 질투, 두려움, 스트레스와 같은 부정적 감정을 정화시키고 이완되는 것을 경험할 수 있다(Schiller, 2015). 유아는 자신이 좋아하는 것을 만들 때 행복감과 성공감을

[그림 1-4] 미술교육과 정서 발달

느끼는 기회를 가지게 되고, 이는 긍정적인 자아개념을 향상시킨다(고현, 이혜선, 고은별, 차금안, 김보현, 2016).

4) 사회성 발달

유아는 미술재료를 나누어 사용하거나 친구들과 함께 협동작품을 만들면서 또는 친구들의 작품을 감상하면서 타인을 이해하고 존중하며 더불어 생활하는 능력과 태도를 기르게 된다. 미술활동을 하면서 한정된 재료와 도구를 친구들과 나누어 사용하려면 욕심을 부리지 않고 차례를 지키는 등의 노력이 필요하다. 협동작품을 만드는 과정에서는 각자가 맡은 역할을 성실히 수행해 내며 자신을 긍정적으로 인식하고 타인과 상호작용을 통해 긍정적인 관계를 형성하는 기회를 가지게 된다. 협동하여 조별작품을 표현하면서 타인의 의견, 감정, 권리를 인정해 주고 상호작용을 하는 가운데 협동과 자기통제의 중요성을 알게 된다(Schirrmacher, 2006). 또한 친구들이 표현한 작품들을 감상하는 과정에서는 자신과 타인의 차이를 발견하게 되기도 하면서 자기중심적인 사고로부터 벗어나 타인을 이해하고 존중하는 경험도 하게 된다(김영애, 이형선, 2017).

[그림 1-5] 미술교육과 사회성 발달

5) 창의성 발달

미술활동에서는 획일적인 표현을 지양하고 다양한 재료와 방식으로 새로운 무언가를 표현해 내는 것을 추구하고 격려하므로 창의성을 증진하는 데 매우 효과적이다. 반짝이는 모빌을 만들어 보기로 결정한 유아들은 정해진 재료를 이용하여 똑같은 방법으로 만드는 형태가 아닌 이상, 어떤 재료를 이용해서 모빌을 만들 것인지부터 고민하기 시작한다. 반짝이는 재료들을 떠올려 모빌 제작의 가능성을 모색한 후 실제로 재료들을 가져와 표현해 내는 과정 중에 맞이하게 되는 다양한 문제상황에서 유아들은 확산적 사고를 하게 되고, 자신만의 방법으로 해결하는 경험을 하게 될 것이다. 이러한 경험을 통해 독창성, 유연성, 유창성, 개방성, 정교성 등 창의적 사고가 가능해진다.

[그림 1-6] **미술교육과 창의성 발달**

나의 교수효능감 더하기

이 장에서 유아들에게 미술교육을 해야 하는 필요성과 목적, 미술교육이 발달적 측면에서 가지고 있는 교육적 의의에 대해 살펴보았습니다. 충분히 이해가 되었나요? 그럼, 그것을 바탕으로 다음의 문제를 해결해 보기로 해요!

1. 오늘은 홍서재 어머님과 면담을 하는 날이에요. 어머님께서 서재가 집에서 어떤 모습인지, 어떻게 놀이를 하는지 이야기를 들려주셨지요. "선생님, 그런데 서재는 그림 그리고, 뭘 만드는 걸 안 좋아해요. 친구들은 미술놀이하면서 잘 놀긴 하던데……. 서재는 싫어하니까 그냥 안 해도 될까요?"라고 물으시는 어머님께 어떻게 말씀을 드리면 좋을까요? 미술놀이가 유아에게 필요한 이유와 교육적 의의 등을 간단히 설명드리며 서재가 미술놀이를 경험할 수 있도록 도와주시기를 말씀드리는 것은 어떨까요? 여러분이 서재의 담임교사가 되어 어머님께 말씀드리듯 옆 친구에게 이야기를 해 보아요.

2. 원장님께서 부모교육 자료로 사용할 안내문을 만들어 보자고 하시네요. 이번 부모교육의 주제는 '유아기 미술놀이는 중요해요!'랍니다. 유아미술교육의 필요성과 목적, 교육적 의의를 바탕으로 안내문에 들어갈 내용을 작성해 보기로 해요.

유아기 미술놀이는 중요해요!

햇살유치원/햇살어린이집

제2장

미적 요소와 원리

나의 학습동기 더하기

〈별이 빛나는 밤〉(Van Gogh)

미술작품을 감상할 때 무엇이 눈에 들어오나요? 그림을 보니 어떤 느낌이 드나요? 이 그림을 유아들에게 소개하려면 어떻게 해야 할까요? 미술에 대해 이해를 높이는 방법에는 어떤 것이 있을까요?

미적 요소와 원리를 이해하는 것은 명화 및 유아의 그림을 이해하는 데 많은 도움을 줍니다. 이에 이 장에서는 미적 요소와 원리에 대해 알아보기로 하겠습니다.

미술에 대한 이해를 위해서는 미적 요소와 원리에 대해 살펴볼 필요가 있다. 미적 요소와 원리는 미술을 감상하고 표현하는 데 있어 중요한 역할을 한다. 미적 요소란 미술로 표현할 때 사용되는 색, 점, 선, 형, 명암, 공간, 질감 등을 의미한다. 미적 원리란 미적 요소들을 구성하는 방법으로, 균형, 비례, 강조, 움직임, 리듬, 통일성 등이 있다. 교사는 미적 요소와 원리에 대한 이해를 바탕으로 유아와 상호작용할 수 있다. 미술 감상 시간에 미적 요소를 바탕으로 한 상호작용은 유아로 하여금 미술작품을 좀 더 적극적으로 감상하는 기회를 가지게 하고, 미적 요소들이 어떻게 구성되었는지에 대한 이해를 통해 작품을 이해하게 된다. 따라서 유아교사가 미적 요소와 원리를 이해하는 것은 미술활동 지도에 있어 필요하다고 할 수 있다. 미적 요소와 원리를 경험한 유아들은 자연스럽게 미적 감수성을 기르게 된다.

1. 미적 요소

1) 색

색은 미적 요소 중 감각적인 특성을 지니고 있다. 색은 표현하고자 하는 대상의 본연의 색 그대로 사용되기도 하고, 과장되거나 축소되어 사용되기도 한다. 때로는 따뜻함, 차가움, 밝음, 어두움과 같은 정서를 표현하기도 한다.

색을 구성하는 기본 3요소는 색상, 명도, 채도이다. 색상이란 색 자체가 가지는 고유의 특성으로, 빨강, 파랑, 노랑 등으로 색을 구분하게 한다. 명도란 색의 밝고 어두운 정도를 말한다. 채도란 색의 선명한 정도를 말하는데, 유채색에만 있다. 무채색은 색상이나 채도는 없고 명도의 차이만을 가지는 색으로, 검정, 하양, 회색이 있다. 유채색은 색상, 채도, 명도를 가진 색으로, 빨강, 파랑, 노랑과 이 색들이 섞인 색들을 의미한다.

유아들은 다양한 색을 통해 표현하고자 하는 대상 등을 그림으로 표현할 수 있다. 또한 다양한 색이 사용된 미술작품 감상을 통해 아름다움을 느끼고 심미감을 기를 수 있다.

〈신기하고 재미있는 색 이야기 1〉

따뜻한 색(난색): 활동성, 따뜻함

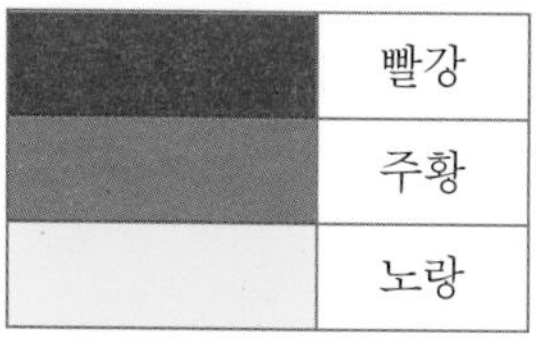

차가운 색(한색): 안정감, 차가움

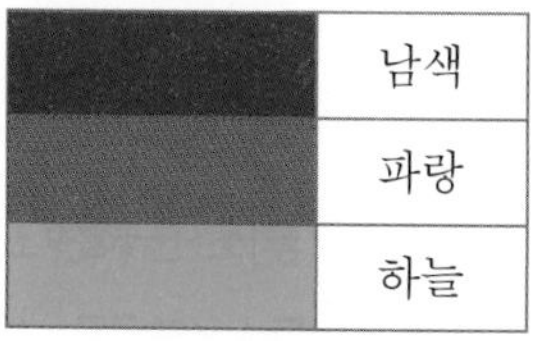

무채색: 명도만 있음

유채색: 색상, 명도, 채도가 있음

〈신기하고 재미있는 색 이야기 2〉

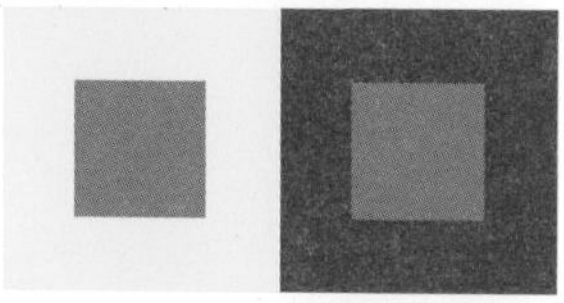	질문: 두 그림 안의 주황색은 같은 색일까요? 정답: 같은 색입니다. 색상대비 현상 때문에 노랑 바탕의 주황색은 더 진하게, 빨강 바탕의 주황색은 더 연하게 보입니다.
	질문: 두 그림 안의 네모 중 어떤 것이 더 선명한가요? 정답: 노랑 바탕의 파랑 네모가 더 선명해 보입니다. 이는 보색대비 현상 때문입니다.
	질문: 두 그림 안의 주황색은 같은 색일까요? 정답: 같은 색입니다. 같은 색이라도 바탕색의 채도에 따라 선명도가 달라 보입니다.

활동: 그림에서 색을 찾아보세요

〈폴리네시아〉(Matisse)

- 그림에서 어떤 색이 보이니?
- 이 색은 어떤 느낌이 드니?
- 다른 색으로 바꿀 수 있다면 어떤 색으로 바꾸고 싶니?

2) 점

점이란 위치를 지니고 있는 미적 요소이다. 점은 개수나 위치, 크기, 밝기 등에 따라서 움직임과 형태 및 공간감을 나타낸다. 점들이 서로 가깝게 찍혀 있으면 빠르고 수축된 느낌을, 점들의 간격이 넓으면 느린 느낌을 나타낸다. 점의 크기 변화에 따라 움직임이 표현되기도 한다.

〈신기하고 재미있는 점 이야기〉

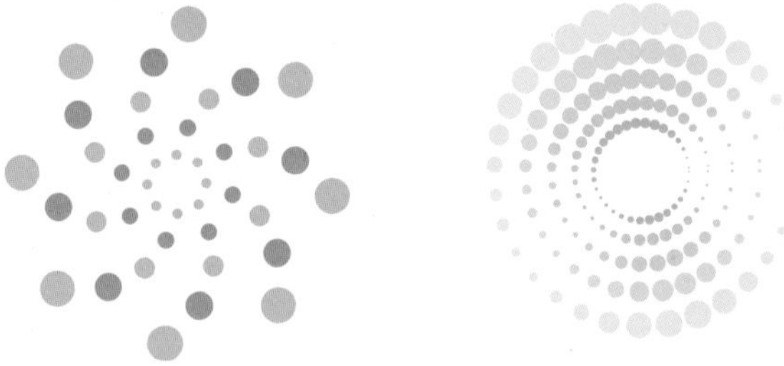

질문: 점을 보니 느낌이 어떤가요? 점의 크기와 배열 위치에 따라 움직임과 공간감이 나타납니다.
활동: 여러 크기의 점을 배열하여 움직임을 표현해 보세요.

활동: 점으로 표현한 그림을 감상해요

〈그랑드 자트 섬의 일요일 오후〉(Seurat)

〈그랑드 자트 섬의 센 강〉(Seurat)

- 이 그림은 어떻게 그린 것일까?
- 점을 이용한 그림을 감상해 본 느낌이 어떠니?
- 점을 이용해 그림을 그린다면 어떻게 그릴 수 있을까?

3) 선

선이란 2개 이상의 연속적인 점에 의해 이루어지는 미적 요소이다. 선은 사물의 형태를 그리는 데 필요하다. 선의 길이, 방향, 굵기 등에 따라 움직임 등이 표현된다. 점의 연결 방법에 따라 직선과 곡선으로 표현되는데, 직선은 긴장감, 간결함, 속도감 등을, 곡선은 여유로움, 유연성, 경쾌함 등을 느끼게 한다. 선은 각도에 따라 수평선, 수직선, 대각선으로 나눌 수 있는데, 수평선은 균형감을, 수직선은 상승감을, 대각선은 역동감을 느끼게 한다.

〈신기하고 재미있는 선 이야기〉

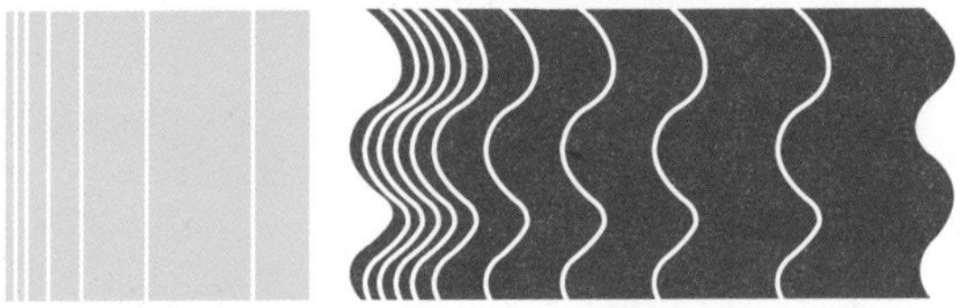

직선은 간결함과 속도감을, 곡선은 움직임과 역동감을 느끼게 한다.

종류		모양	느낌
직선	수평선	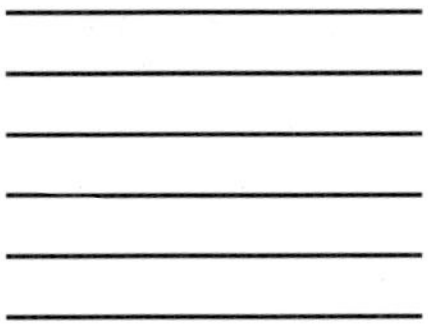	안정감, 정적임
	수직선	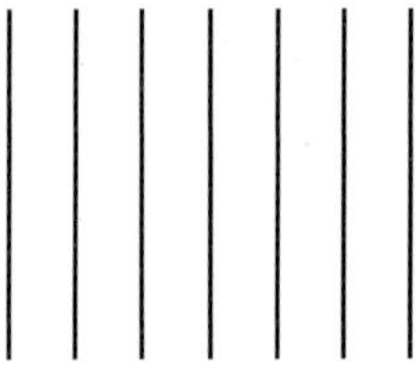	엄숙함
	사선	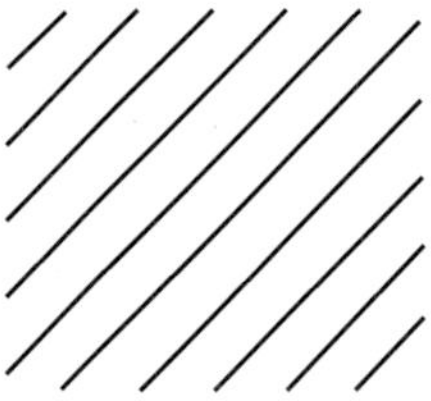	운동감, 불안정함
	방사선	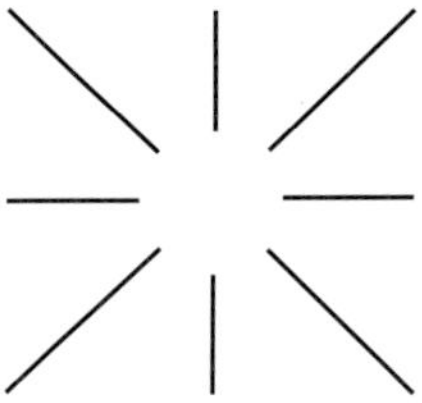	집중, 확산, 가운데로 모임, 퍼져 나감
곡선	자유곡선		자유로움, 부드러움
	기하곡선	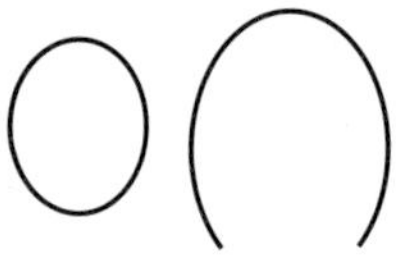	단조로움

활동: 우리 주변의 선을 찾아보세요

- 우리 몸에서 선을 찾아볼까?
- 가방에는 어떤 선들이 보이니?
- 교실 안에서 다양한 선들을 찾아볼까?
- 서로 다른 종류의 선을 3개씩 찾아보세요.

활동: 명화 속의 선을 관찰해요

〈파적도〉(김득신)

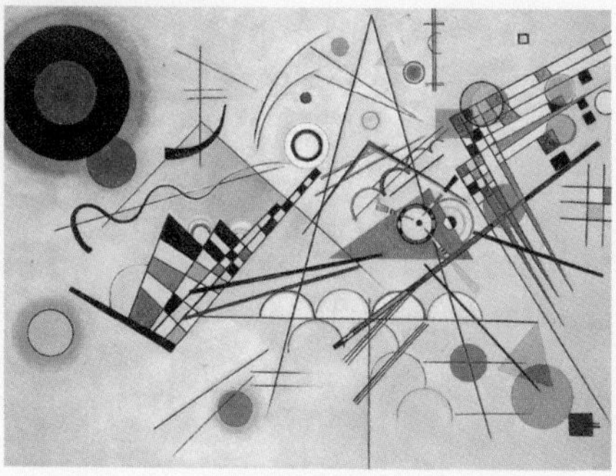

〈구성 8〉(Kandinsky)

- 이 그림 속에서 어떤 선이 보이니?
- 선을 따라서 손을 움직여 볼까?
- 쭉 뻗은 선은 어디에 있을까?
- 구불거리는 선은 어디에 있을까?
- 이 선을 보니 어떤 느낌이 드니?

활동: 그림책 속의 선을 따라가요

『선을 따라가요』(Ljungkvist, 2009)

- 선을 따라가니 어떤 일이 생겼니?
- 이어지는 선을 이용해 우리의 생각을 표현해 볼까?

4) 형

형이란 점, 선, 면이 모여 이루는 사물의 모양을 말한다. 형은 2차원 평면 상태의 모양을 말하고, 형태는 3차원 입체 상태의 모양을 말한다. 형은 크기와 모양에 따라 다양한 모습으로 표현된다.

〈형과 형태〉

형
2차원 평면 모양

형태
3차원 입체 모양

활동: 우리 주변에서 모양을 찾아보세요

- 어떤 모양이 가장 많이 보이니?
- 그 모양은 무엇이라고 부를 수 있을까?
- 반복적인 모양을 찾아볼까?

활동: 명화 속의 모양을 관찰해요

〈묵직한 붉음〉(Kandinsky)

〈왕의 슬픔〉(Matisse)

- 이 그림 속에서 어떤 모양이 보이니?
- 동그란 모양은 어디에 있을까?
- 이 모양은 무엇을 표현한 것일까?

5) 명암

명암이란 밝고 어두움을 의미하며, 미술작품 속에서 명암은 작품의 느낌과 분위기를 결정짓는 중요한 역할을 한다. 작품을 감상하면서 밝고 어두운 부분을 찾아보고 빛이 들어오는 방향 등을 탐색할 수 있다. 어두울수록 작품의 분위기는 무거워지고, 밝을수록 경쾌한 느낌이 든다.

활동: 명암이 분명한 명화 감상 활동

〈성 마태오의 소명〉(Caravaggio)

〈아를르의 포름 광장의 카페 테라스〉(Van Gogh)

- 그림에서 어떤 부분이 가장 어둡니?
- 가장 밝은 부분은 어디일까?
- 그림을 보니 기분이 어떠니?
- 빛이 어느 방향에서 들어오고 있을까?

6) 공간

공간이란 미술작품 안에서 거리를 의미한다. 미술작품 안에는 각각의 대상들이 거리를 두고 구성되어 있다. 이 과정에서 빈 공간과 채워진 공간이 발생하게 된다. 빈 공간은 여유로운 느낌을 주며, 채워진 공간은 폐쇄적인 느낌을 주기도 한다. 공간을 통해 평면적인 미술작품 안에서는 입체감이 표현되기도 하고, 원근감이 표현되기도 한다.

활동: 원근감이 표현된 명화 감상 활동

〈발레 수업〉(De Gas)

〈고흐의 방〉(Van Gogh)

- 이곳은 어디일까?
- 가장 멀리 있는 것은 무엇일까/가장 멀리 있는 사람은 누구일까?
- 가장 가까이 있는 것은 무엇일까/가장 가까이 있는 사람은 누구일까?

7) 질감

질감이란 실제 손으로 만졌을 때 느껴지는 실제적 질감과 눈으로 보았을 때 느껴지는 시각적 질감으로 구분할 수 있다. 실제적 질감은 손으로 직접 만져서 대상의 표면의 느낌을 촉각으로 느껴 볼 수 있는 것, 시각적 질감은 시각적으로 부드러움, 거칢, 매끈함 등의 느낌을 인식하는 것을 의미한다.

활동: 시각적 질감이 표현된 명화 감상 활동

〈해바라기〉(Van Gogh)

〈차〉(Mary Cassatt)

- 만져 보면 어떤 느낌일까?
- 그림에서 어떤 부분이 가장 거칠거칠할까?
- 가장 부드러운 부분은 어디일까?

2. 미적 원리

1) 균형

균형이란 시각적 무게감으로, 작품 속에서 안정감을 느끼게 한다. 균형은 안정감을 느끼게 하고, 불균형은 불안감을 느끼게 한다.

균형에는 대칭적 균형과 비대칭적 균형이 있다. 대칭적 균형은 그림이 좌우 대칭을 이루도록 그려진 형태이며, 안정감과 정적인 느낌을 가져온다. 비대칭적 균형은 그림의 좌우가 다르지만 이를 잘 고려하여 균형감 있게 표현한 것이다.

활동: 대칭적 균형과 비대칭적 균형이 나타난 명화 감상 활동

대칭적 균형

〈최후의 만찬〉(Leonardo da Vinci)

비대칭적 균형

〈도자기 옆의 여인〉(De Gas)

- 그림에서 무엇이 보이니?
- 그림을 보니 어떤 느낌이 드니?

2) 비례

비례란 각 부분 간의 관계를 의미한다. 각 부분들을 조화롭게 구성할 수도 있고, 작가의 의도에 따라 과장하거나 축소하여 표현할 수도 있다. 비례는 작품의 분위기와 느낌에 많은 영향을 미친다.

활동: 인물의 모습이 실제와 같게 표현되거나 과장되게 표현된 명화 감상 활동

〈우유 따르는 하녀〉(Vermeer)

〈노란색 스웨터를 입은 잔 에뷔테른〉(Modigliani)

- 두 그림을 보니 무엇이 다르니?
- 이 화가는 왜 이렇게 표현했을까?
- 그림을 감상해 보니 어떤 느낌이 드니?

3) 강조

강조란 작가가 그림 속에서 한 부분을 집중되도록 표현하는 것이다. 작가의 의도에 따라 미술작품 속에서 강조가 사용될 수 있다. 강조는 명암 또는 시선을 통해 할 수 있다.

활동: 명암과 시선에 의한 명화 감상 활동

명암에 의한 강조

〈어머니와 나〉(Egon Schiele)

〈아버지〉(De Gas)

• 그림을 보니 어떤 느낌이 드니?

• 가장 먼저 눈에 띄는 것은 무엇이니?

시선에 의한 강조

〈씨름〉(김홍도)

〈테니스 코트의 서약〉(Jacques-Louis David)

• 그림을 보니 가장 먼저 무엇이 보이니?

• 사람들은 무엇을 보고 있을까?

4) 움직임

움직임은 동세라고도 하는데, 작품 속에서 운동감이 느껴지도록 구성된 것을 의미한다. 선, 색, 형 등을 통해 움직임이 표현된다. 움직임이 있는 작품은 운동성과 생동감이 느껴진다.

활동: 움직임이 느껴지는 명화 감상 활동

〈별이 빛나는 밤〉(Van Gogh)

〈춤〉(Matisse)

- 그림을 보니 어떤 느낌이 드니?
- 왜 그런 느낌이 들었을까?

5) 리듬

리듬이란 색, 선, 모양 등이 일정한 간격을 두고 반복되는 패턴을 의미한다. 같은 모양이나 색들이 반복되면서 새로운 미술작품으로 탄생하기도 한다.

활동: 반복되는 패턴이 느껴지는 명화 감상 활동

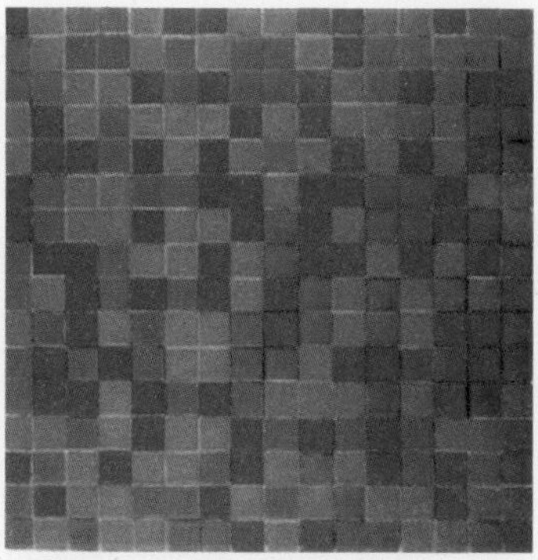

〈그리드8의 구성〉(Mondrian)

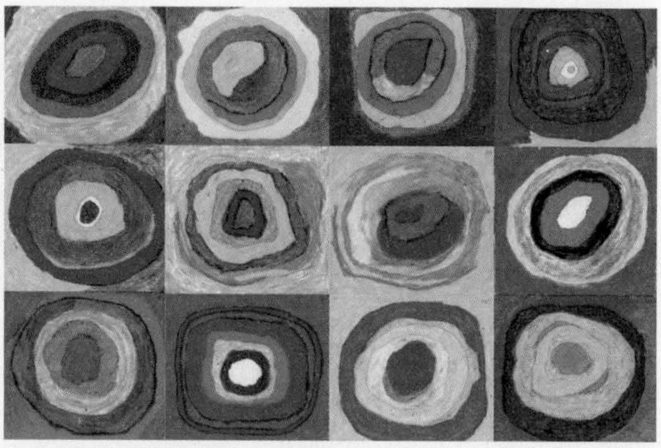

〈색채연구〉(Kandinsky)

- 그림에서 무엇이 보이니?
- 패턴으로 꾸며진 작품을 보니 어떠니?
- 우리가 화가라면 어떻게 꾸며 볼 수 있을까?

6) 통일성

통일성이란 미술작품 속 다양한 미적 요소의 관계가 일관성이 있어 질서를 느끼게 하는 원리이다. 다시 말해, 작품 속 요소들의 질서라고 표현할 수 있다. 통일성을 통해 각 미적 요소들은 분리되어 보이지 않고 전체로서 연관성을 지닌 것처럼 느껴지도록 한다.

활동: 통일성이 느껴지는 명화 감상 활동

〈베르툼누스〉(Giuseppe Arcimboldo)

〈생명의 나무〉(Klimt)

- 그림을 보니 느낌이 어떠니?
- 그림 속 그림들의 위치를 바꿔 보면 어떤 느낌이 들까?

나의 교수효능감 더하기

다음의 명화를 보고 어떠한 미적 요소와 원리를 이용해 해석할 수 있는지 생각해 보세요.

- 가장 눈에 띄는 미적 요소는 무엇인가요?
- 작품에서 두드러진 미적 원리는 무엇인지 찾아보세요.

〈절규〉(Munch)

제3장

유아의 미술 발달

나의 학습동기 더하기

위의 그림은 몇 세 유아가 그린 것일까요? 얼굴, 팔, 다리를 어떻게 표현했나요? 왜 이러한 미술형태가 나타나는 것일까요?

유아기 미술 발달과 관련된 다양한 이론이 있습니다. 따라서 이 장에서는 다양한 미술이론을 살펴보고, 유아의 미술활동을 어떻게 바라볼 수 있을지 알아보기로 하겠습니다.

1. 유아미술 관련 이론

유아미술을 바라보는 입장에는 여러 가지가 있고, 학자들은 유아미술을 바라보는 관점에 따라 이론들을 펼쳐 왔다. 다양한 유아미술 관련 이론을 살펴보는 것은 유아미술에 대한 이해를 도우므로, 유아의 발달과 관계 지어 유아미술 관련 이론을 살펴보고자 한다. 대표적인 이론으로 인지 발달 이론, 정신분석 이론, 지각 발달 이론, 성숙주의 이론을 살펴보고자 한다.

1) 인지 발달 이론

인지 발달 이론에 따르면, 유아는 자신이 아는 것을 표현한다. 즉, 유아의 미술표현이 인지 발달에 따른 결과라고 보는 것이다. 유아가 상어 그림을 그릴 때 상어 배 속의 물고기를 같이 그리는 투시화적 표현은 유아가 상어가 물고기를 먹는다는 사실을 알고 있기 때문에 이것이 반영된 결과이다. 따라서 유아의 그림을 보며 유아가 대상에 대해 얼마만큼 알고 있는지를 유추할 수 있다. 유아는 자신이 경험하고 알고 있는 것을 표현할 수 있으며, 자신이 경험하지 못하고 알지 못하는 것은 그림으로 그릴 수 없다. 유아가 성장하면서 다양한 경험을 하고 아는 것이 많아짐에 따라, 유아의 그림은 점차적으로 복잡하고 실제적으로 표현된다.

2) 정신분석 이론

정신분석 이론에 따르면, 유아는 미술을 통해 내면 깊숙이 잠재되어 있던 생각을 표출한다. 따라서 유아가 표현한 미술작품은 유아의 무의식 속 내면을 표현하기 때문에 정신세계를 들여다볼 수 있다. 따라서 유아의 그림을 통해 유아의 정서, 감정 등을 유추할 수 있다고 본다.

유아의 그림을 보면 유아 고유의 특성이 나타나는데, 사물을 과장하거나 축소하여 그리기도 하고 대상을 삭제하기도 한다. 가족을 그리면서 갈등 관계에 있는 대상을 삭제하거나 축소하여 그리는 것은 유아의 정서 상태를 반영하는 예이다. 그러나 점차 성장하면서 의식적 사고가 발달함에 따라 과장, 축소, 삭제되었던 그림이 사실적으로 변화된다.

3) 지각 발달 이론

유아는 표현하고자 하는 대상을 자신이 지각한 대로 그린다. 지각이란 감각기관을 통하여 대상을 인식하는 것으로서, 지각 발달 이론에 따르면 그림을 통해 유아가 세상을 어떻게 지각하는지를 엿볼 수 있다. 유아의 그림 특징 중 하나인 두족인을 예로 들면, 이로써 유아가 사람을 관찰할 때 머리, 몸, 팔, 다리와 같이 세부적으로 지각하는 것이 아니라 하나의 형태로 지각하는 것을 알 수 있다.

교사는 유아가 다양한 감각기관을 사용하여 대상을 탐색하고 이를 표현할 수 있도록 다양한 교육 경험을 제공해야 한다.

4) 성숙주의 이론

유아는 선천적으로 미술적인 능력을 가지고 태어나며, 유아의 미술 발달은 성숙함에 따라 전개된다. 성숙주의 이론에 따르면, 유아의 미술 발달에는 연령에 따른 발달 단계가 있으며, 각 단계를 지나 다음 단계로 발달할 수 있다. 따라서 교사는 유아가 발달함에 따라 능력이 출현하는 시기에 맞추어 환경을 마련해야 한다. 성숙주의 이론에서는 교사의 역할을 직접적인 개입보다 적합한 자료와 활동의 준비 정도로 제한하였다.

2. 영유아의 평면미술표현 발달

1) Kellogg

Kellogg는 영유아의 미술 발달 단계를 난화기, 도형 출현, 도형 정교화, 초기 회화 등의 4단계로 구분하여 제시하였다.

(1) 난화기(1~2세)

끼적이기 시기로, 이 시기의 영아는 여러 가지 난화의 형태를 표현한다. 영아들에게

표 3-1 Kellogg의 기본 난화 패턴 20가지

난화 1		점(dot)	난화 11		폐곡선(roving enclosing line)
난화 2		수직선(single vertical line)	난화 12	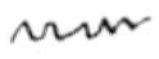	지그재그선(zigzag or waving line)
난화 3		수평선(single horizontal line)	난화 13		고리선(single loop line)
난화 4		사선(single diagonal line)	난화 14	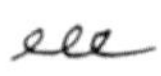	반복된 고리선(multiple loop line)
난화 5		곡선(single curved line)	난화 15		나선(spiral line)
난화 6		반복된 수직선(multiple vertical line)	난화 16		중복되어 덮인 원(multiple-line overlaid circle)
난화 7		반복된 수평선(multiple horizontal line)	난화 17		반복된 원(multiple-line circumference circle)
난화 8		반복된 사선(multiple diagonal line)	난화 18		퍼지는 원(circular line spread out)
난화 9		반복된 곡선(multiple curved line)	난화 19		교차된 원(single crossed circle)
난화 10	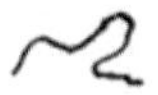	열린 선(roving open line)	난화 20		불완전한 원(imperfect circle)

출처: Kellogg (1969), p. 15.

공통적으로 보이는 난화를 20개로 분류하여 살펴보면 〈표 3-1〉과 같다. 이러한 난화들은 점차 발전되어 여러 가지 형태로 표현된다.

(2) 도형 출현(2~3세)

여러 가지 난화가 서로 교차하면서 여러 도형이 출현하는 단계이다. 불완전한 원, 사각형, 삼각형, 십자 모양, 엑스자 모양 등이 관찰된다.

[그림 3-1] **2~3세 영유아에게 나타나는 모양**

출처: Kellogg (1969), p. 34.

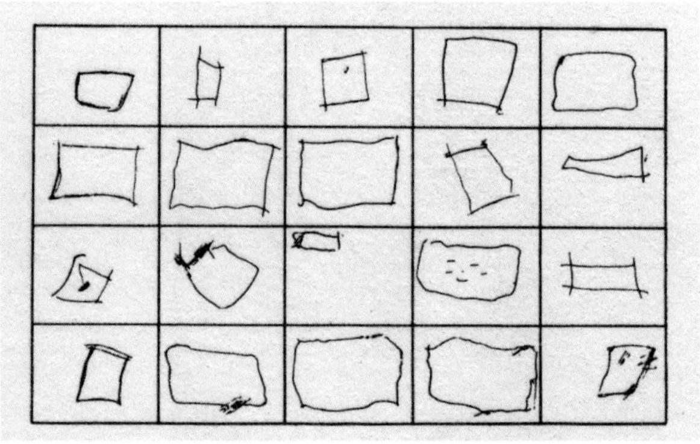

[그림 3-2] **3세 유아의 사각형 표현 예시**

출처: Kellogg (1969), p. 46.

(3) 도형 정교화(3~4세)

이 시기에는 소근육이 발달되어 선들의 형태가 다양화되고 도형들이 보다 정교하게 나타난다. 기본적인 도형에 불규칙한 선들이 나타나며 이전보다 균형 잡힌 그림이 나타나는 시기이다. 유아는 출현된 도형들을 서로 결합시키거나 셋 이상을 조합시켜 다양한 모양으로 확장시킨다. 이 시기에 가장 많이 나타나는 형태로는 결합(combine), 집합(aggregate), 만다라형, 태양형, 방사형 그림이 있다.

결합이란 두 개의 도형이 합쳐져 모양을 표현한 것을 의미하고, 집합이란 세 가지 이상의 형태가 합해진 것을 뜻한다. 만다라형은 원이나 사각형 등의 내부가 여러 가지 선으로 나누어진 형태이고, 태양형은 원 주변에 태양 모양으로 선이 뻗어 나간 형태를 말한다. 방사형은 점이나 면에서 사방으로 선이 뻗어 나간 형태로, 나중에 인물의 팔다리를 표현하는 데 기초가 된다.

[그림 3-3] 도형 정교화 예시

(4) 초기 회화(4~5세)

초기 그림이 그려지는 시기로, 사람 이외에도 동물 등을 사실적으로 표현하게 되는 단계이다. 이전까지 선과 도형을 반복적으로 그려 왔던 경험을 통해 점차적으로 표현이 정교해져 간다. 초기 회화 단계에 있어 인물화를 통해 유아는 이를 회화로 인정받게 된다. Kellogg는 인물화 그림이 나타나는 단계를 〈표 3-2〉와 같이 11단계로 표현하였다.

표 3-2 인물화가 나타나는 단계

1. 초보적인 낙서	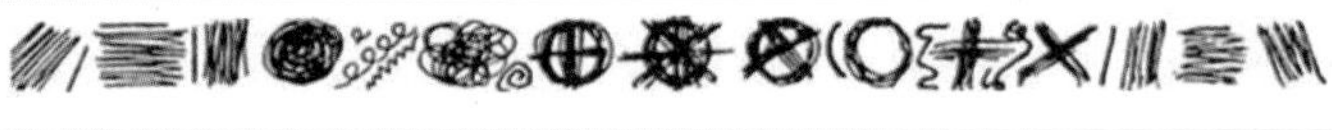
2. 도식, 연합	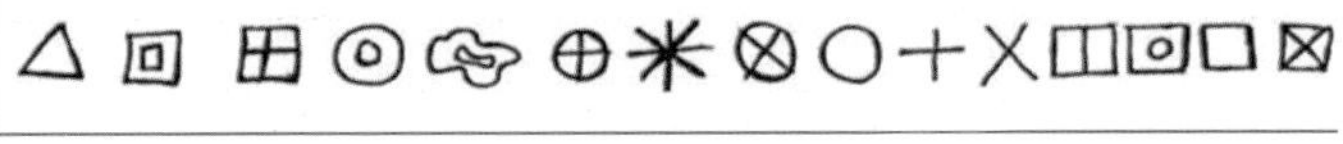
3. 집합	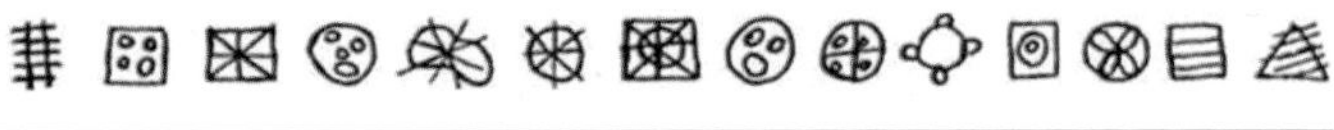
4. 해 모양	
5. 해 얼굴과 사람 형태	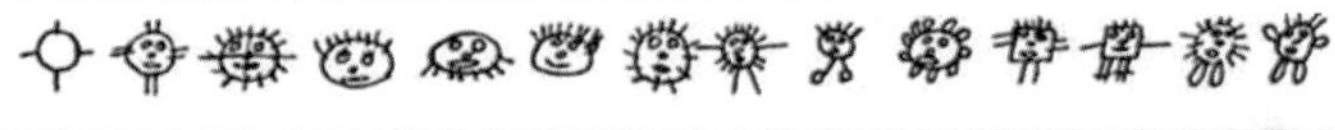
6. 머리에서 팔이 나온 사람	
7. 머리 윗부분이 없는 사람	
8. 팔이 없는 사람	
9. 다양한 몸체의 사람	
10. 몸에 팔이 붙어 있는 사람	
11. 사람과 비슷한 형태	

출처: Kellogg (1969), p. 109.

2) Lowenfeld

Lowenfeld(1982)의 영유아 미술 발달 단계 중 2~9세에 해당되는 단계인 난화기, 전도식기, 도식기를 중심으로 살펴보고자 한다.

(1) 난화기(2~4세)

난화기(scribbling stage)는 손을 이용해 도구를 쥐고 팔의 움직임을 통해 생겨나는 선들을 보며 즐거움을 느끼는 시기이다. 이 시기에는 목적을 가지고 그리는 것이 아니라 수평선, 수직선 및 자유로운 선들이 교차하면서 생기는 모습을 우연히 발견하고 이름을 붙이게 된다. 무수한 선들이 만들어 낸 모양을 보며 '비행기' '공룡'이라고 이름을 붙인다. 영아는 그림 그리는 과정을 즐거워하며, 이러한 과정의 반복으로 선들은 다양한 형태로 발전된다.

난화기는 크게 무질서한 난화기, 조절된 난화기, 이름 붙이는 난화기로 구분할 수 있다.

① 무질서한 난화기(2세 전후)

무질서한 난화기(disordered scribbling stage)는 무질서한 선들을 그리는 단계이다. 그리기 도구를 쥔 손에 힘이 부족한 상태로, 팔의 힘을 이용하여 목적이 없는 선들을 그리는 단계이다. 이 시기의 영아들은 무엇을 그리고자 목적을 두는 것이 아니라, 대근육의 움직임을 이용해 우연히 발생된 선의 흔적 자체에 즐거워하는 특징이 있다.

교사는 무질서한 난화기의 영아들이 자유롭게 팔의 움직임을 탐색하고 우연히 얻어진 결과에 즐거움을 느끼도록 상호작용한다. "빨간 선이 나타났구나." "구불구불한 선이네."와 같이 상호작용할 수 있다.

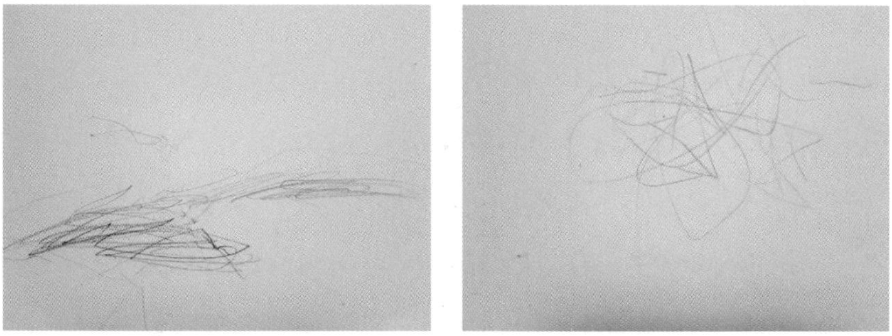

[그림 3-4] **무질서한 난화기 그림**

② 조절된 난화기(2세 6개월 전후)

조절된 난화기(controlled scribbling stage)에는 소근육이 발달하면서 도구를 쥔 손에 힘이 생기게 된다. 대근육으로만 표현되었던 선들이 조절된 선으로 표현된다. 수직선, 수평선, 원형 등의 형태가 생긴다. 이 시기에는 자신의 팔과 손 근육을 조절하면서 종이에 다양한 선이 긁적거려지는 것을 인지하기 시작한다.

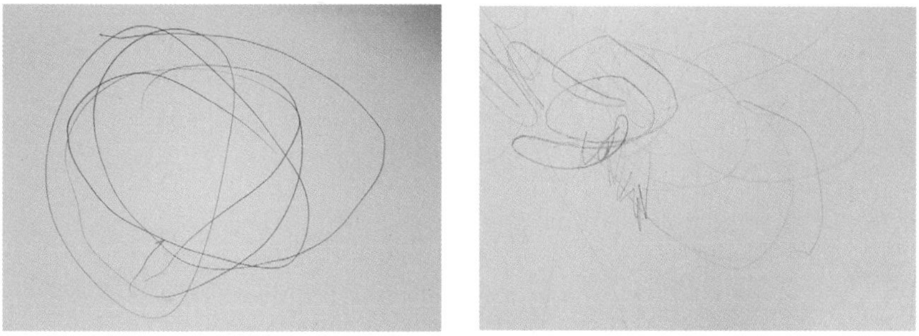

[그림 3-5] **조절된 난화기 그림**

근육의 움직임과 선의 출현과의 인과관계를 인지하면서 영유아는 다양한 시도를 하기 시작한다. 팔을 휘둘러 동그라미 모양을 그리기도 하고, 본인이 선호하는 색을 이용해 다양하게 선을 표현한다. 다만, 이 시기에는 손을 움직여서 선이 나타나는 즐거움을 통해 움직임을 조절하는 데 관심을 둔다. 이 시기에는 "손을 뻗었더니 길쭉한 선이 만들어졌네."처럼 행위와 나타난 결과에 대해 상호작용할 수 있다.

③ 이름 붙이는 난화기(3~4세)

이름 붙이는 난화기(naming of scribbling)는 선들을 통해 그려진 형태에 이름을 붙이는 시기이다. 기존의 감각운동적 사고뿐만 아니라 추상적 사고도 가능하다는 증명이다. 유아는 그려진 선을 통해 만들어진 형태를 보고 자신이 경험하거나 알고 있던 주변 세계와 연관 지어 '비행기' '뱀' '공룡' 등으로 명명한다. 이 시기는 그림에 이름을 붙임으로써 의미를 부여하는 시기이다. 그러나 처음부터 명확한 의도를 가지고 대상을 그려 나가는 시기는 아니다. 우연히 만들어진 형태에 이름을 붙이는 시기인 것이다. 따라서 유아는 교차하는 선이 만들어 낸 형태에 처음에는 '비행기'라고 이름을 붙였다가, 잠시 뒤 '뱀'으로 이름을 바꾸기도 한다. 교사는 유아가 무엇을 표현하는지 잘 듣고 유아의 경험과 관련지어 상호작용할 수 있다.

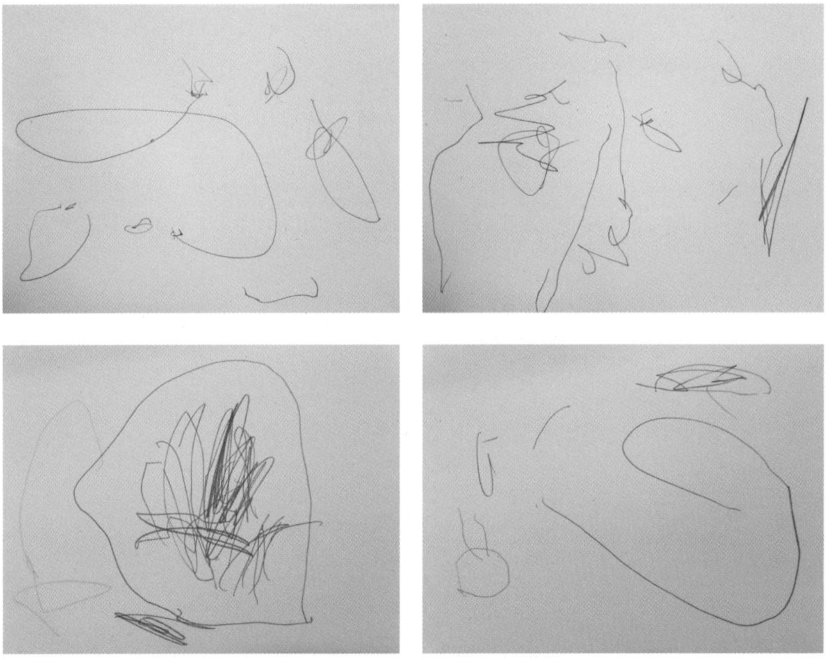

[그림 3-6] **이름 붙이는 난화기 그림**

선이 교차하는 부분을 비행기로 이름 붙였다가 '뱀' '공룡'으로 바꾸어 갔다.

(2) 전도식기(4~7세)

전도식기(pre-schematic stage)는 유아가 자신의 경험과 자신이 본 것 등을 표현하고자 목적을 가지고 그림을 그리기 시작하는 단계이다. 표상을 시도하는 최초의 단계로, 초기에는 소근육의 발달이 불완전하여 완벽한 형태를 그리지는 못하더라도, 점차적으로 소근육 발달을 통해 그리고자 하는 대상을 확실한 형태로 표현하게 된다.

[그림 3-7] **전도식기 그림**

(3) 도식기(7~9세)

도식기(schematic stage)는 사물을 표현하는 데 있어 도식을 사용하여 그림을 그리는 시기이다. 사물에 대한 유아의 경험에 따라 도식의 표현은 다양해진다. 도식은 주로 도형의 형태로 이루어지는데, 태양은 원, 나무는 삼각형과 사각형으로 표현한다. 도식기에는 유아 미술표현의 특징인 기저선, 전개도식 표현 등이 관찰된다.

[그림 3-8] **도식기 그림**

3. 유아의 입체미술표현 발달

유아는 자신의 경험과 생각을 미술로 표현하는데, 평면미술표현뿐 아니라 입체미술표현은 유아에게 매우 즐거운 경험이 된다. 밀가루 점토, 색깔 점토, 지점토, 찰흙, 폐품 재료 등 다양한 미술재료는 유아로 하여금 재료의 특성을 탐색하고 각 재료의 특성을 고려하여 입체미술표현을 가능하게 한다. 점토 활동에서 영유아들의 표현 능력이 어떻게 발달하는지 살펴보면 다음과 같다.

1) 탐색 시기

영아기는 점토를 이용한 탐색이 주로 이루어진다. 주로 영아기에는 안전한 밀가루 점토로 시작하여 색깔 점토 등으로 그 종류를 확장하여 간다. 영아는 점토를 눌러 보고 주물러 보는 경험을 통해 감각적으로 탐색한다. 무엇인가를 만들고자 하는 목적 없이 점토 자체가 탐색의 대상이 되는 것이다.

영아는 충분한 탐색이 이루어진 후 찍기 틀 등을 이용해 점토가 여러 가지 형태로 바뀌어 가는 것을 경험한다. 또한 점토를 만지면서 점차적으로 점토를 길게 만들기도 하고, 이를 점토칼로 잘라 보는 등 간단한 놀이를 할 수 있다. 점토가 형태가 변화하고 잘린 점토가 다시 뭉쳐지는 것을 보며, 재료에 대해 이해하고 점토 활동에 흥미를 가지게 된다. 교사는 영아가 점토를 탐색하고 즐겁게 활동에 임할 수 있도록 장려한다.

2) 상징 시기

점토를 이용해 다양한 형태를 만들기 시작하고, 만들어진 결과물에 이름을 붙이는 시기이다. 그러나 아직까지는 그 결과물이 제3자가 인식할 만큼 정교하게 꾸며진 것은 아니다. 유아는 우연히 만들어진 모습에 이름을 붙인다. 점토를 길게 늘리면서 뱀이라고 말하거나, 점토의 부분을 자르면서 국수라고 표현하기도 한다. 또한 뭉쳐진 점토를 보며 자신이 좋아하는 공룡과 같다고 말한다.

상징 시기에 교사는 유아가 무엇을 만들었는지 관심을 가지고 귀를 기울여 유아가 자신의 경험과 생각을 자연스럽게 표현하도록 격려할 수 있다.

3) 창조 시기

이 시기의 유아들은 무엇인가를 만들고자 하는 목적성을 가지고 표현활동을 한다. 점토를 이용해 인형을 만들 것인지 나무를 만들 것인지 등 표현하고자 하는 대상에 따라 필요한 재료들을 생각하고 제작에 돌입한다. 창조 시기의 유아의 작품 결과물은 제3자도 잘 인식할 정도로 표현능력이 정교해진다.

또한 유아는 점토놀이 도구를 이용하여 자신의 점토 작품을 좀 더 세밀하게 표현할 수 있다. 인형의 머리카락에 점토칼을 이용하여 결을 내거나, 인형의 얼굴에 눈, 코, 입을 그릴 수 있다. 교사는 유아가 점토를 이용해 표현하는 과정을 격려하며, 다양한 재료를 준비하여 유아들이 창의적으로 자신의 생각을 표현할 수 있도록 격려할 수 있다.

4. 영유아 미술표현의 특징

1) 두족인

그림에서 사람을 표현할 때 머리를 원으로 표현하고 팔과 다리를 수직선으로 그리는 형태를 두족인(head-feet representation)이라 한다.

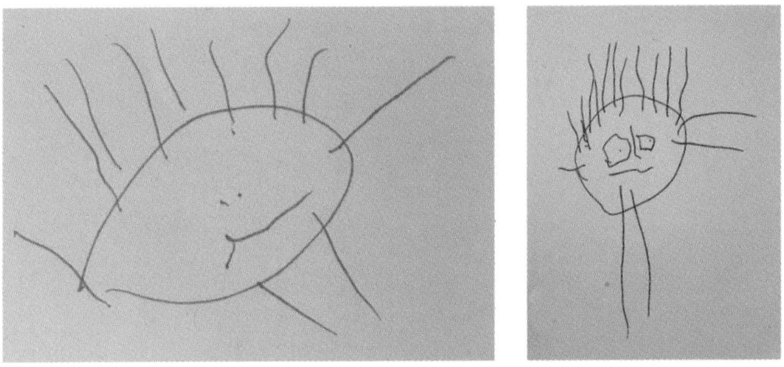

[그림 3-9] **두족인 표현**

2) 미분화된 표현

영아기에 팔과 도구를 사용하여 끼적이기가 익숙해지면 선들이 서로 만나 원을 만들게 된다. 원의 형태는 초기에는 완전하지 않다가 반복과 연습을 통하여 완전한 형태로 나아간다. 또한 다양한 선은 연합되어 원 이외에 다양한 모양을 만들어 가며 형태를 갖추어 나간다.

[그림 3-10] **미분화된 표현**

3) 의인화 표현

유아는 생명이 없는 대상에게 생명을 부여하는 경향이 있다. 유아의 그림 속 태양, 꽃, 나무 등의 사물들에서는 사람과 같이 눈, 코, 입을 그려 넣는 등의 의인화된 표현이 빈번히 관찰된다. 이는 애니미즘[1]적 사고로 인한 것이며, 대부분의 유아는 의인화를 즐겨 사용한다.

1) 자연현상뿐만 아니라 동식물 및 무생물 모두 생명이나 영혼을 가지고 있다고 믿는 것을 의미한다.

[그림 3-11] **의인화 표현**

4) 자기중심적 표현

발달상 유아는 자기중심적 사고를 하는데, 미술표현에도 이러한 특징이 나타난다. 그림을 그릴 때 자기가 중요하다고 여기거나 인상적인 부분은 과장되게 표현하고, 관심이 없는 부분은 축소 또는 생략하기도 한다.

[그림 3-12] **자기중심적 표현**

5) 투시적 표현

유아는 대상의 보이는 부분만을 그리는 것이 아니라, 마치 투시하듯이 그 안의 모습까지 그리는 경우가 관찰된다. 고래를 그릴 때 동화 속 내용처럼 고래가 먹은 물고기 등을 같이 표현한다든가, 비행기를 그릴 때 비행기를 타고 있는 사람을 같이 그리는 것 등이 이에 해당된다.

[그림 3-13] **투시적 표현**

6) 기저선

그림 안에 하늘과 땅 사이의 경계선을 그리는 것을 기저선(base line)이라고 표현한다. 유아는 기저선을 기점으로 땅 위에는 나무, 풀, 꽃 등을 그리고, 하늘에는 태양, 구름 등을 그린다. 기저선의 등장은 유아가 자신과 주변 공간의 관계를 인식했다는 것을 의미한다.

[그림 3-14] **기저선 표현**

7) 동시성

유아는 그리고 싶은 내용을 한 화면에 동시적으로 표현한다. 하나의 그림에 여러 시간, 공간, 관점 등이 연속적으로 표현되는 것이다. 여러 가지 사건이 하나의 평면에 나타나기도 하고, 하나의 사물을 그리기 쉬운 방향으로 변환시켜 그리는 모습도 포함된다.

[그림 3-15] **동시성 표현**

8) 전개도식 표현

우리 주변의 3차원 세계를 마치 전개도처럼 2차원의 모습으로 표현한다. 유아가 살고 있는 아파트의 모습을 위에서 바라본 것처럼 그리는 것 등이 전개도식 표현의 예이다.

[그림 3-16] **전개도식 표현**

나의 교수효능감 더하기

우리 주변에 유아들의 그림을 수집하여 봅시다. 연령(개월)에 따라 어떠한 특징들이 나타나는지 이 장의 내용을 바탕으로 그림을 분석하여 보세요.

- 그림에서 나타난 미술표현의 특징에는 어떤 것이 있을까요?

제4장

유아미술교육의 교수 · 학습

나의 학습동기 더하기

나의 미술 학습 경험은 어떠한가요?

'교수 · 학습'이라는 말은 간단히 표현하면 '가르치고 배우는 과정과 방법'을 뜻합니다. 유아교사가 되어 유아의 미술놀이와 미술활동이 일어날 수 있도록 지원하기에 앞서, 나의 미술 학습 경험이 어떠했는지 생각해 봅시다.

- 제시된 중 · 고등학교 미술 교과서 중에서 학창시절에 사용했던 교과서가 있나요?
- 미술 교과서 안에 제시되어 있던 내용이 기억나나요?
- 학창시절의 미술 시간을 떠올려 보세요. 어떤 경험이 떠오르나요?
- 그 경험 중 긍정적인 것과 부정적인 것은 무엇인가요?
- 여러분이 교사가 되어 유아에게 미술놀이와 활동을 지원할 때 중요하게 여겨야 하는 점은 무엇일까요? 친구와 함께 토의하여 한 가지를 선정해 보세요.

유아미술교육은 유아가 적극적으로 미술활동에 참여하여 즐거움을 느끼고, 창의성과 미적 표현능력을 기를 수 있도록 지원하는 것이 중요합니다. 이 장에서는 유아를 위한 미술활동이 어떻게 이루어지는 것이 바람직한지, 교수 · 학습원리와 교수 · 학습 지원방법, 교사의 역할에 대해 알아보기로 합시다.

1. 유아미술교육의 교수 · 학습원리

1) 유아 중심의 원리

유아 중심의 원리란 교사가 미술활동의 주체를 '유아'로 인식하고, 유아의 흥미와 관심을 존중하여 신중하게 미술활동을 지원하는 것을 뜻한다. 유아가 자신의 흥미와 관심에 따라 자유롭게 미술활동에 참여하고 즐길 수 있도록 해야 하며, 이를 위해서는 교사가 계획한 활동을 유아에게 일방적으로 제공하는 것을 지양해야 한다. 교사는 유아의 상황에 관심을 두고 관찰하여 유아가 현재 어떠한 경험을 하고 있는지 파악하고, 이에 따른 바람직한 지원을 결정하고 실천해야 한다. 유아가 스스로 미술활동에 몰입하여 즐거움을 느끼고 있는 경우에는 섣불리 개입하지 않고 적당한 거리에서 관찰을 지속하여 도움이 필요할 때 지원한다. 반면, 미술활동을 쉽게 시작하지 못하는 유아의 경우 그 원인을 파악하여 표현 대상의 탐색을 돕거나 함께 미술활동을 하는 등 필요한 지원을 제공한다.

교사는 유아가 미술활동의 주체가 될 수 있도록 유아 스스로 미술활동의 주제, 재료, 표현 방법과 같은 미술활동 요소를 자유롭게 선택하도록 격려해야 한다. 무엇(주제)을 표현하고 싶은지, 어떤 재료로 어떻게 표현하고 싶은지 유아가 주도적으로 선택하고 결정할 수 있도록 하는 것이다. 이를 통해 유아의 자유롭고 창의적인 미술표현이 가능해질 것이다. 유아가 자유롭게 미술활동의 요소를 결정한다는 것이, 교사가 전혀 관여하지 않는다는 것을 의미하는 것은 아니다. 오히려 유아가 자유롭고 주도적으로 미술활동에 몰입하도록 하기 위해서는 조력자로서의 교사 역할이 강조된다. 교사가 열정을 가지고 유아의 발달 수준에 적합한 재료를 선정하여 갖추어 두고, 다양한 표현 기법에 대한 시범을 보이고 안내하여 유아가 선택할 수 있는 폭을 넓혀 주는 것이 중요하다.

한편, 유아는 동일연령이라 하더라도 발달차가 크기 때문에 면밀한 유아 관찰을 통해 유아마다 개별적인 지원을 할 필요가 있다. 유아의 발달을 고려하여 교사가 미술활동 요소 중 세 가지를 모두 유아가 선택하도록 할 것인지, 아니면 세 가지 중 한두 가지만 선택하게 할 것인지를 신중하게 결정하여 안내해야 한다. 연령이 어린 유아나 미술활동을 쉽게 시도하기 어려워하는 유아에게는 세 가지를 모두 선택하게 하기보다는 한 가지 요소를 선택하도록 하여 미술활동에 도전해 볼 수 있도록 도와야 한다.

유아기는 미술활동을 통해 특별한 미술 기법을 이해하고 그리기 실력을 향상하는 것이 아니라, 자유롭고 창의적인 표현 과정에 참여하여 즐거움을 느끼고 감수성을 기르는 것이 중요하다. 이를 기억하며 교사 주도적으로 계획된 활동을 실행하는 것이 아니라 유아를 중심에 둔 미술활동이 이루어지도록 지원해야 할 것이다.

2) 놀이 중심의 원리

놀이 중심의 원리란 놀이를 통해 미적 경험과 미술활동이 일어나도록 지원하는 것이다. 유아는 일상생활에서 놀이에 자연스럽게 참여하여 재미와 즐거움을 느끼고 몰입한다. 재미, 즐거움, 몰입이라는 놀이의 속성은 유아가 놀이를 주도하는 과정에서 스스로 배우도록 한다. 유아는 놀이를 통해 가장 잘 배울 수 있다. 따라서 교사는 유아의 놀이 관찰을 통해 놀이에 담긴 미적 경험과 유아의 배움을 이해하고 지원할 필요가 있다. 유아의 놀이에 미적 경험이 녹아 들어갈 수 있도록 환경을 제공하고, 놀이 과정에서 미적 탐색, 표현, 감상이 이루어지도록 격려한다.

유아의 흥미와 관심에 기반한 미술활동을 계획하여 안내할 때에는 다른 영역의 활동과 마찬가지로 유아에게 학습이 아닌 놀이로 인식될 수 있도록 세심한 배려가 필요하다. 놀이는 자발적이고 주도적으로 참여하게 되며 개방적이고 즐거운 것을 의미한다. 이러한 놀이의 의미를 고려하여 미술활동이 교사의 권유에 의한 강제성이 있는 활동, 결과물 중심의 활동, 획일화된 활동이 되지 않게 유의해야 한다. 따라서 교사는 유아가 주도적으로 미술활동에 참여하고 몰입하여 놀이 중심의 미술활동이 이루어지도록 환경을 구성하고 상호작용한다. 또한 결과물에 초점을 맞추기보다는 표현하는 과정에서 즐거움을 느끼도록 격려한다.

3) 과정 중심의 원리

과정 중심의 원리란 결과물을 지향하는 미술활동이 아니라 과정에 중점을 둔 미술활동이 이루어져야 함을 뜻한다. 유아기 미술교육은 유아가 아름다움에 관심을 가지고 창의적으로 표현하는 과정을 즐기는 방향으로 이루어져야 한다. 유아의 미술표현이 이루어지기 위해서는 표현 대상에 대한 탐색, 표현 재료와 도구에 대한 탐색이 충분히 이루어져야 한다. 교사가 결과물에 중점을 두고 미술활동을 지도한다면, 유아가 충분히 몰입하여 탐색할 시간이 주어지지 않아 자유롭고 창의적인 표현에 방해가 된다. 따라서 교사는 유아에게 탐색 및 표현에 충분히 몰입할 수 있는 시간을 제공하여 유아가 마음껏 시도하며 즐거움을 느낄 수 있도록 격려할 필요가 있다. 감상활동 역시 미술작품에 대한 지식을 전달하는 것이 아니라 유아가 미술작품에 대한 자신의 생각과 반응을 표현하고, 함께 의미를 구성해 나가는 과정 중심으로 이루어져야 한다(박은선, 2018).

4) 관계 중심의 원리

관계 중심의 원리란 유아가 인적 · 물적 환경과 관계를 맺으며 미술활동을 경험하도록 하는 것을 의미한다. 둘 이상의 개체가 서로 영향을 미치며 상호작용을 할 때 관계를 맺게 된다. 인적 환경인 교사 · 또래와의 상호작용, 물적 환경인 미술 재료 · 도구와의 상호작용을 통해 유아는 미술 지식과 기능을 배우고 태도를 형성해 간다. 이러한 상호작용을 통한 관계 맺음은 서로에게 변화가 일어나게 한다. 교사는 유아가 인적 · 물적 환경과의 상호작용을 통해 관계를 맺고 그 안에서 유의미한 미적 변화가 일어날 수 있도록 지원할 필요가 있다.

유아는 심미적으로 구성된 교실 환경을 탐색하고 교사가 제공한 재료와 도구를 다루어 보는 등 물적 환경과 관계를 맺으며 미적 감수성을 기르고, 창의적 표현을 위한 재료와 도구 사용 능력을 기르게 된다. 또한 교사가 유아와 상호작용을 하며 관계를 맺는 것은 유아에게 미적 요소와 원리를 발견할 수 있도록 안내하여 유아의 미적 안목을 넓히는 데 도움이 된다. 미술활동에 함께 참여하는 또래와의 상호작용은 미술활동에 대한 아이디어를 얻게 한다. 따라서 교사는 유아가 인적 · 물적 환경과 관계를 맺는 과정에서 활발히 상호작용하며 미술활동을 경험할 수 있도록 지원해야 한다.

2. 유아미술 교수 · 학습 지원방법

개정 누리과정이 제시하고 있는 유아미술교육의 내용은 탐색, 표현, 감상으로 구성된다. 탐색을 통해 지각한 대상은 미술작품으로 표현되고, 감상을 통해 여러 가지 표현 양식과 기법을 인식하는 것(이정욱, 임수진, 2017)은 다시 유아의 탐색과 표현에 영향을 미치게 된다. 이처럼 탐색, 표현, 감상은 서로 밀접하게 관련되므로 각각 독립된 활동으로 이루어지기보다는 통합적으로 이루어지는 것이 바람직하다. 유아의 놀이 상황이나 교사가 지원하는 활동에 따라 탐색, 표현, 감상의 내용 중 어느 하나가 좀 더 깊이 있게 이루어지기도 하고, 때로는 두 개 또는 세 개의 내용이 통합되어 이루어지기도 한다. 교사가 탐색활동, 표현활동, 감상활동의 내용을 이해하고, 각 활동의 특성에 따라 상호작용하며 지원할 때 유아의 미적 능력이 발달할 수 있다. 따라서 탐색, 표현, 감상에 따른 교수 · 학습 지원방법을 제시하고자 한다.

1) 탐색을 지원하는 방법

탐색은 유아가 감각을 활용하여 주변의 아름다움을 발견하고 느끼는 것이다. 유아는 일상생활에서 자연스럽게 자연물이나 사물에 관심을 두고 탐색한다. 그러나 탐색의 양과 질은 유아의 동기를 유발하고 구체적으로 안내하는 교사의 안내에 따라 좌우될 수 있다. 탐색의 경험은 뇌에 입력되어 표현 대상에 대한 상을 형성하게 하고(이원영, 임경애, 김정미, 강유진, 2019), 이는 표현활동의 밑바탕이 된다. 또한 탐색활동에서 얻은 풍부하고 생생한 경험은 표현활동에 대한 유아의 호기심과 흥미를 유발한다(우수경, 이성희, 이현정, 2016). 따라서 교사는 유아가 주의 깊은 탐색을 할 수 있도록 안내할 필요가 있다.

(1) 미적 대상을 경험할 수 있는 환경 제공하기

탐색의 대상은 동물이나 식물과 같은 자연물, 건축물과 같은 인공물, 일상생활에서 사용하는 생활용품 등 다양한 소재가 될 수 있다. 교사는 유아가 다양한 탐색의 대상과 마주할 수 있도록 환경을 제공하고, 그 대상에서 아름다움을 찾도록 도와야 한다. 자주 산책을 하며 자연의 변화와 아름다움을 느끼도록 하고, 유아교육기관 주변의 건축물이나 인공물에 관심을 가지도록 한다.

교실 환경에서 유아가 탐색할 수 있는 미적 대상을 제공하는 방법은 다양하다. 교실에서 필요한 물건, 예를 들어 달력이나 테이블보 등을 구매할 때에도 심미적으로 디자

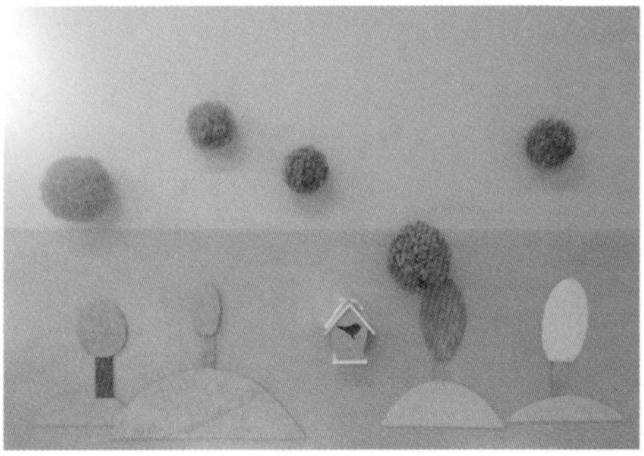

[그림 4-1] 빈 벽과 자투리 공간을 활용하여 탐색거리를 제공한 예시

인된 것을 선택하여 유아의 미적 탐색 대상을 다양하게 확보할 수 있다. 교실 벽면이나 자투리 공간에 작고 아기자기한 소품으로 꾸미기([그림 4-1] 참조), 일러스트 붙이기, 장식품 올려 두기, 책상을 아름다운 한지나 무늬가 있는 천으로 감싸기, 전자 피아노 뒷부분의 전기선 부분을 가리기 위해 천으로 덮기와 같은 작은 실천이 유아가 미적 대상을 경험할 수 있는 환경을 제공하는 좋은 방법이 될 수 있다.

(2) 탐색을 돕는 상호작용하기

유아가 일상생활에서 마주하는 대상에서 아름다움을 찾도록 돕는다. 산책길에 만난 꽃과 곤충, 교실에 전시된 장식품이나 달력의 그림, 친구가 입고 온 셔츠 등 평소에 마주하는 대상에 관심을 두고 관찰하도록 한다. 유아는 자발적으로 호기심을 가지고 주변을 탐색할 때가 많지만, 그렇지 않을 때는 "와, 개나리꽃이 피어났어." "동그란 모양의 모빌이 새로 생겼네." "빨간색 병정 무늬가 여러 개 그려져 있는 티셔츠를 입고 왔구나." "새로운 퍼즐에 어떤 그림이 있는지 궁금한데?"와 같이 호기심을 가질 수 있도록 돕는다. 호기심을 가지고 탐색을 시작하였을 때에는 시각에 의존한 탐색이 아니라 촉각, 청각 등의 여러 감각을 활용한 탐색이 이루어질 수 있도록 한다. 또한 탐색의 과정에서 아름답다거나 멋지다는 피상적인 표현을 하기보다는 색, 선, 모양, 질감 등 미적 요소를 구체적으로 찾아볼 수 있도록 한다(교육과학기술부, 보건복지부, 2012).

탐색의 대상은 오늘 새롭게 꽃봉오리를 맺은 봄꽃, 새롭게 바뀐 교실의 테이블보와 같이 새로운 것에만 국한되는 것은 아니다. 늘 익숙하게 보아 오던 놀이터의 놀이기구, 교실의 한쪽에 자리 잡고 있던 작은 화분 등 새롭게 제공된 것이 아닌 것도 탐색할 수 있다. 이를 위해 교사는 익숙한 것을 새로운 시각에서 볼 수 있도록 도와야 한다. 거울로 비춰 보기, 구멍이 뚫린 종이로 바라보기, 돋보기로 살펴보기 등 매체를 준비하여 새롭게 바라볼 수 있도록 지원할 수 있다. 일상생활에서의 풍부한 탐색 경험은 유아의 표현활동에 밑바탕이 되는 것은 물론이고, 삶을 풍요롭게 하는 미적 감수성 향상에 도움이 될 것이다.

*** 감각을 활용하여 탐색하도록 돕는 상호작용 예시**

- 나뭇잎의 색이 달라진 것 같네. 어떤 색인지 우리 함께 볼까?
- 나뭇잎의 모양은 어때? 손가락으로 나뭇잎의 가장자리를 따라 그려 볼까?
- 어떤 모양과 비슷한 것 같니?
- 나뭇잎을 만져 볼까? 느낌이 어떠니? 매끈한 느낌이 드니, 거친 느낌이 드니?
- 나뭇잎의 향을 한번 맡아 볼까? 어떤 향이 나니?
- 나뭇잎의 향을 맡으니 어떤 느낌이 드니?
- 나뭇잎을 펄럭이면 소리가 들리기도 할까?
- 나뭇잎 놀이를 하면서 소리를 만들어 볼 수도 있을까?
- 낙엽이 모여 있는 곳을 걸으면 소리가 나기도 하겠구나.

*** 미적 요소를 발견할 수 있도록 돕는 상호작용 예시**

- 나뭇잎에는 어떤 선이 있니? 부드러운 곡선이 있니, 쭉 뻗은 직선이 있니?
- 나뭇잎에 있는 여러 가지 색을 찾아볼까?
- 나뭇잎 안에 무늬도 있니? 나뭇잎 안에 있는 점이 보이니?
- 나뭇잎에서 세모 모양처럼 뾰족한 부분이 있는 곳을 찾아볼 수 있겠니?
- 나뭇잎을 만지면 어떤 느낌이 들 것 같니? 나뭇잎의 앞(뒷)부분은 어떤 느낌이 들까?

*** 익숙한 것을 새로운 시각에서 볼 수 있도록 격려하는 상호작용 예시**

- 오늘 하늘은 어떤 색일까?
- 거울에 비친 하늘의 모습이 어떤지 살펴볼까?
- 재미있는 모양 종이로 하늘을 보면 하늘이 어떻게 보일까?
- 구름 모양이 뻥 뚫려 있는 종이로 하늘을 보면 어떨까?
- 오늘은 교실을 둘러보며(산책하며) 매일 보던 장면이지만 새롭게 보이는 것을 하나씩 발견해 보기로 할까?

2) 표현을 지원하는 방법

표현은 유아가 느끼고 생각한 바를 다양한 재료와 도구를 활용하여 자유롭고 창의적으로 나타내고 제작하는 것이다. 생동감 있고 풍부한 탐색 경험을 바탕으로 신선한 자극이 가해질 때 표현활동이 시작될 수 있다. 획일적이거나 일방적인 방식으로 표현활동을 가르치기보다는 유아가 생각과 느낌을 밖으로 표출할 수 있는 환경을 제공하고 지원해 주는 것이 바람직하다. 미술활동을 할 수 있는 재료와 도구를 준비해 둔 채 유아에게 전적인 자유를 주고 개입하지 않으면, 유아를 도리어 혼란스럽게 하거나 자신감을 잃게 할 가능성이 있으므로(이원영 외, 2019), 교사는 유아의 표현 과정을 유심히 관찰하며 유아의 필요에 적절한 도움을 주어야 한다.

(1) 표현 대상의 특징을 구체적으로 떠올릴 수 있도록 돕기

유아가 표현하고자 하는 대상의 특징을 구체적으로 떠올릴 수 있도록 표현 대상의 세밀한 부분까지 관찰하여 그 대상의 선, 색, 모양, 질감 등의 미적 요소와 원리를 발견하도록 상호작용한다. 이를 통해 유아는 표현에 대한 자신감을 느끼며 세부적인 묘사를 할 수 있게 된다.

나아가 상상을 활용하여 표현 대상의 관점에서 느끼고 생각해 보거나, 표현 대상을 주인공으로 한 상황을 떠올려 볼 수 있도록 한다. 이러한 상상은 유아의 정서가 발휘될 수 있도록 하여(Egan, 2008) 더욱 유의미한 미술활동으로 연결될 수 있다. 이러한 과정을 통해 유아는 표현 대상에 대한 생생한 이미지를 내면에 만들어 낼 수 있으며, 이는 유아가 표현활동에 좀 더 쉽게 도전할 수 있도록 돕는다.

*** 표현 대상의 미적 요소와 원리를 발견하도록 돕는 상호작용 예시**

- 바깥놀이터의 나무를 표현하고 싶구나. 함께 나무를 자세히 살펴보자.
- 나무의 생김새가 어떠니?
- 나무의 생김새에서 선을 찾아볼 수 있니? 선을 손가락으로 따라 그려 볼까?
- 나뭇가지를 자세히 보자. 나뭇가지 중에서 가장 굵은 것(길쭉한 것)은 무엇이니?
- 나뭇가지에 나뭇잎은 얼마나 있니? 나뭇잎의 색과 모양은 어떠니?
- 나뭇잎의 향도 한번 맡아 볼까?
- 나무껍질을 자세히 볼까? 껍질 안에 어떤 색과 무늬가 보이니?
- 나무껍질을 만져 보자. 어떤 느낌이 드니?
- 관찰한 나무의 모습 중에서 어떤 부분을 먼저 그려 보고 싶니?

*** 상상을 활용하여 표현 대상의 특징을 떠올리도록 돕는 상호작용 예시**

- 바람이 솔솔 불어오는 날(비바람이 세차게 휘몰아치는 날) 아기 나무의 기분은 어떨까?
- 봄비가 촉촉하게 내려 나뭇잎에 빗방울이 닿을 때 아기 나무의 느낌은 어떨까?
- 비가 와서 촉촉하게 젖은 아기 나무의 껍질을 만지면 어떤 느낌이 날까?
- 아무도 없는 들판에 아기 나무 혼자 서 있다면 어떤 마음이 들까?
- 심심하던 아기 나무의 나뭇가지에 참새가 놀러 와 앉는다면 느낌이 어떨까?
- 한 아이가 다가와서 아기 나무에 기대어 앉아서 쉬면 어떨까?
- 흙 속의 지렁이들이 아기 나무의 뿌리 근처를 부지런히 돌아다니고 있다면 느낌이 어떨까?
- 사람들이 아기 나무 주변에 쓰레기를 버린다면 기분이 어떨까?
- 아기 나무의 나뭇가지가 바람에 흔들려 꺾인다면 어떨 것 같니?

때로 유아가 표현하고자 하는 주제가 실물이 아니라 경험이나 느낌이 될 수도 있다. 이 경우에도 유아가 표현하기에 앞서 경험이나 느낌을 구체화할 수 있도록 상호작용을 한다. 이미 심상을 떠올려 표현활동을 시작한 유아에게는 발문하기보다는 스스로 표현할 수 있는 시간을 확보해 주어야 한다.

*** 경험을 표현하고자 하는 유아를 돕는 상호작용 예시**

- 주말 동안 했던 경험 중에서 어떤 것을 표현해 보고 싶니?
- 가족과 함께 수영장에 다녀온 것을 표현하고 싶구나.
- 수영장에서 무엇을 했는지 생각해 볼까?
- 수영장에서 본 것들은 무엇, 무엇이 있니?
- 수영장에서 있었던 일 중 가장 재미있었던 일(깜짝 놀란 일)은 무엇이었니?
- 수영장에서 있었던 일 중에서 특별히 표현해 보고 싶은 것은 무엇이니?

*** 느낌을 표현하고자 하는 유아를 돕는 상호작용 예시**

- 어떤 느낌을 표현해 볼까?
- '행복'한 느낌은 어떤 것 같니?
- 언제 '행복'하니?

- '행복'이라는 말을 들으면 떠오르는 사람(장면)이 있니?
- '행복'을 표현한다면 어떤 색으로 표현할 수 있을까?
- '행복'에 모양이 있다면 어떤 모양일 것 같니?
- '행복'을 선으로 표현한다면 어떻게 표현할 수 있을까?

(2) 표현 재료와 도구를 선택하도록 돕기

유아가 표현 재료와 도구를 직접 만져 보고, 무언가를 그리거나 만들어 보고, 표현 도구의 사용법을 익히는 것은 유아가 표현 과정에 더 주도적으로 참여하여 자유롭게 표현하게 한다. 미술재료와 도구를 사용해 보며 표현 과정에서 어떻게 활용할지 생각하는 경험은 창의적 표현의 씨앗이 된다. 이는 곧 자신의 아이디어를 적합하게 표현하기 위한 재료와 도구를 선택할 수 있는 물질적 역량을 함양하는 데 도움을 준다. 따라서 교사는 유아에게 안전하며 유아가 다루기에 적합한 미술재료와 도구를 찾아 제공해 주어야 한다.

같은 주제를 표현하더라도 유아마다 자신이 원하는 재료를 선택하여 표현한다면 독창적인 표현이 이루어질 수 있다. 따라서 다양한 재료와 도구를 제공하여 충분한 시간을 두고 탐색하고 유아가 스스로 선택할 수 있도록 한다. 표현하고자 하는 주제에 어울리는 재료와 도구를 선택하는 과정을 통해 유아는 어떠한 기법으로 표현할 것인지 생각하게 될 것이다. 만약 준비된 재료와 도구 외에 유아가 요구하는 것이 있을 때는 가능하다면 교사가 준비해 주도록 한다.

*** 도구를 비교하도록 돕는 상호작용 예시**

〈사인펜과 플러스펜의 특징 탐색〉
- 사인펜(플러스펜)으로 그림을 그려 본 적이 있니?
- 사인펜과 플러스펜으로 그림을 그릴 때 느낌이 어떠니?
- 어떤 펜이 좀 더 부드럽게 느껴지니?
- 사인펜과 플러스펜의 색은 어떠니?

- 사인펜과 플러스펜으로 선을 그어 보자. 어떤 펜으로 그린 선이 더 두껍니(얇니)?
- 사인펜과 플러스펜으로 그림을 그린다면 어떤 장면을 그려 보고 싶니(어떤 장면이 어울릴 것 같니)?

*** 표현 재료와 도구를 선택하도록 돕는 상호작용 예시**

- 물고기를 표현할 계획이구나. 어떤 모습의 물고기(무엇을 하는 물고기/어디에 있는 물고기)를 표현하고 싶니?
- 그 물고기를 표현하려면 어떤 재료와 도구가 필요할까? 재료와 도구를 살펴보며 생각해 볼까?
- 물고기의 몸(비닐, 지느러미 등)을 표현하기에 어울리는 재료는 무엇인 것 같니?
- 더 필요한 재료와 도구가 있니?

(3) 유아의 개별적이고 창의적인 표현을 격려하기

유아가 획일화된 한 가지 방법으로 표현하기보다는 자유롭게 다양한 방법으로 표현할 수 있도록 격려한다. 이를 위해서는, 첫째, 교사가 유아에게 표현 방법의 모델을 제시하는 것을 유의해야 한다. 교사의 표현을 본 유아들은 교사가 표현한 방법대로 표현하고자 하는 경향이 생기기 때문이다. 둘째, 유아의 표현을 섣불리 명명하고자 하여 유아를 위축시키는 일이 없어야 한다. 예를 들어, 유아가 초록색 물감으로 삼각형을 그린 모습을 보고 "산을 그린 거니?"라고 물을 경우, 그렇게 생각하지 않았던 유아의 창의적 표현을 '산'으로 제한하는 경우가 생기기도 한다. 또한 유아에게 반복적으로 "무엇을 그린 거니?"라고 묻는 것은 자유롭게 창의적으로 표현하게 하기보다는 반드시 '무엇'인가를 그럴듯해 보이게 그려야 한다는 부담감을 주게 된다. 따라서 교사는 유아가 표현활동에 몰입하고 있을 때 섣불리 상호작용을 하며 유아가 그린 것을 '무엇'으로 명명하려고 하기보다는 한 걸음 물러서 있을 필요가 있다. 셋째, 유아의 개별 표현을 인정해 주는 상호작용을 하되, 유아의 작품을 다른 유아의 작품과 비교하지 않는다.

교사가 유아의 개별적이고 창의적인 표현을 격려하기 위해 교사는 유아의 표현 과정을 유심히 관찰하며 유아의 표현을 격려하고 인정하는 상호작용을 할 수 있다. 구체적으로 미술 재료와 도구의 활용법에 대해, 유아의 작품에 나타난 미적 요소와 원리에 대해, 유아의 작품에 나타난 정서와 경험, 상상력과 독창성에 대해 상호작용을 한다 (Herberholz & Hanson, 1994: 이원영 외, 2019에서 재인용).

*** 유아의 표현을 격려하고 인정하는 상호작용 예시**

- 테이프를 꼼꼼하게 붙였구나.
- 동그라미 모양을 가위로 오렸구나. 울퉁불퉁하지 않게 매끈하게 오렸네.
- 종이를 작게 잘라서 풀로 붙였구나. 지난번보다 풀의 양을 잘 조절했구나.
- 여러 가지 색을 이용하고 있구나.
- 나뭇잎을 관찰한 걸 잘 기억하고 자세히 표현했구나.
- 가족 그림을 그렸구나. 가족들이 입고 있는 옷 색을 비슷하게 표현했네. 지난번에 가족 행사에 참여했을 때처럼 가족 커플룩을 입은 모습이니?
- ○○(이)가 그린 가족들의 키가 모두 다르네. 가족들의 키를 생각하면서 그렸구나.
- ○○(이)가 그린 꽃잎들을 보니 마치 꽃향기가 나는 것 같아.
- ○○(이)가 생각한 미래의 유치원/어린이집 그림이 정말 멋지구나! 미래에는 ○○(이)가 생각한 유치원/어린이집이 정말 만들어질 것만 같아.

(4) 유아의 성향과 개인차를 고려하여 지원하기

유아는 저마다 발달 속도와 사전 경험, 성향이 다르기에 미술활동에 참여하고자 하는 흥미와 표현능력 역시 개인차가 크다. 따라서 교사는 유아의 개인차를 고려하여 표현활동을 지도해야 한다. 유아가 자유롭게 활동에 몰입하고 있을 때는 개입하기보다는 지속적인 관찰을 하며 지원하고, 유아가 활동에 참여하지 않거나 어려워하면 그 원인을 파악하여 도움을 주어야 한다.

활동에 흥미를 느끼지 못하는 유아에게는 유아가 흥미를 느낄 수 있도록 동기를 유발한다. 유아가 표현활동에 흥미를 느낄 수 있도록 매력적인 표현 재료와 도구를 제공하고, 상상력을 발휘하여 표현해 볼 수 있도록 격려할 수 있다.

① 흥미로운 표현 재료와 도구 제공하기

표현활동에 별다른 흥미를 보이지 않는 유아도, 표현활동의 재료를 직접 준비하게 되면 흥미도가 달라질 수 있다. 예를 들어, 기존 수채화 물감을 사용하는 것이 아니라 시금치, 포도, 당근 등의 자연물을 이용해서 즙을 만들어 물감으로 활용하면, 유아는 자신들이 직접 만든 물감으로 그림을 그려 본다는 생각에 특별한 흥미를 느끼게 되며 자부심도 느끼게 될 것이다([그림 4-2] 참조).

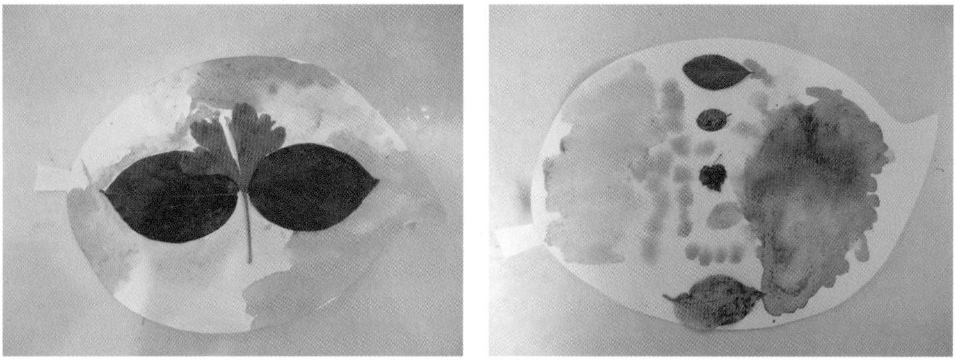

[그림 4-2] **자연물로 만든 물감과 나뭇잎으로 표현하기**

그리기 도구가 아닌 구성할 수 있는 재료를 제공하는 것은 그리기에 어려움을 느끼는 유아도 가벼운 마음으로 표현활동에 참여하도록 할 수 있다. [그림 4-3]은 여러 색의 대나무 김발과 나무 조각 등의 자연물을 활용하여 미술놀이를 한 작품이다. 단, 나이가 어릴수록 한꺼번에 새로운 재료가 많이 제공될 경우 혼란스러움을 느껴 무엇을 선택해야 할지 어려움을 겪게 되기도 한다. 따라서 유아가 기본 미술 재료와 도구(크레파스, 사인펜, 점토 등)에 익숙해진 뒤에 새로운 재료를 추가로 제시하는 것이 바람직하다.

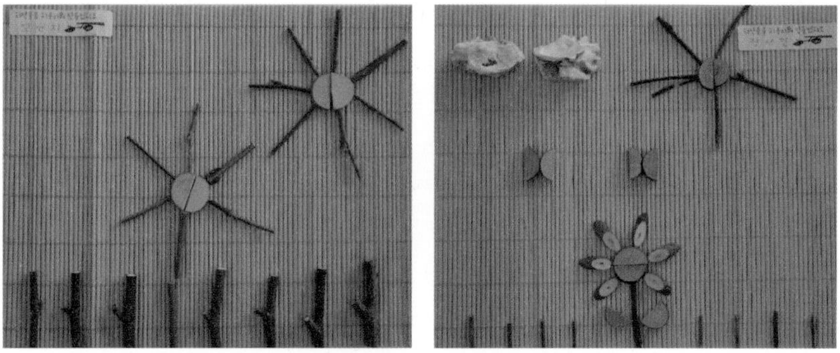

[그림 4-3] **대나무 김발과 자연물로 구성하기**

주로 종이에 그림을 그리던 유아들에게 색다른 재료를 제공하는 것은, 미술놀이와 미술활동에 대한 흥미를 유지하고 새로운 도전을 할 수 있도록 돕는다. 가능하면 재질과 디자인이 다양한 재료를 제공할 필요가 있는데, OHP 필름, 호일, 비닐, 방수천, 천 등은 훌륭한 소재가 될 수 있다. 그리기 도구 역시 자주 사용하던 크레파스나 사인펜이 아닌 흑연 크레용으로 그림을 그려 볼 수 있도록 기회를 제공하여 유아가 흥미를 느낄 수 있게 한다. [그림 4-4]는 광목천에 흑연 크레용으로 표현한 작품을 나뭇가지로 엮어 액자처럼 구성해 준 것이다.

[그림 4-4] **광목천에 흑연 크레용으로 표현하기**

② 상상을 발휘하여 표현할 기회 제공하기

유아들은 머릿속에 뭉게뭉게 상상이 피어오를 때 즐거움을 느끼고 활동에 참여하고자 하는 마음이 든다. 상상은 때로 비현실적이고, 때로 꿈과 같은 세계가 펼쳐지기에 이러한 상황에 유아는 흥미를 느끼는 것이다. '나에게 새처럼 날개가 생겨서 날 수 있다면?' '내 마음대로 유치원/어린이집을 지을 수 있다면?' '유치원/어린이집 바깥놀이터에 구멍이 뚫린다면?'([그림 4-5] 참조), '타임머신을 타고 어릴 때로 돌아갈 수 있다면?' '내 몸이 아주 작아진다면?'과 같이 상상할 수 있는 주제는 매우 다양하다. 유아에게 상상할 수 있는 재미있는 상황을 제공한다면, 유아는 이러한 주제에 흥미를 가지고 표현활동에 참여하게 될 것이다. 단, 상상의 주제는 유아가 일상생활에서 충분히 가까이 접하거나 생각해 보았을 법한 내용으로 제시하여야 유아가 자유롭고 창의적으로 상상의 나래를 펼칠 수 있다. 예를 들어, '우주여행을 할 수 있다면?'이라는 주제로 상상하고 표현한다면, '우주' 주제를 전개하지 않은 이상, '우주'에 대한 사전지식이나 관심이 있는 몇몇 유아를 제외하고는 구체적으로 우주에서 어떤 상황이 펼쳐질지 예측하기 어려워 유아가 흥미를 가지고 상상과 표현활동에 참여하기가 어렵다.

[그림 4-5] **바깥놀이터에 구멍이 뚫린다면?**

동화나 시를 들려주고 머릿속에 떠오르는 이미지를 표현해 보도록 하는 것은, 미적 경험을 동기화시키고 시각화할 수 있는 능력을 발달시킬 수 있다(박정아, 2004). [그림 4-6]에 제시된 사진은 『로쿠베, 조금만 기다려!』라는 동화를 듣고 구멍에 빠진 로쿠베를 어떻게 구할 수 있을지 생각하여 그림으로 표현한 장면이다. 이 외에도 다양한 동화와 동시를 활용하여 표현활동으로 연결함으로써 표현활동에 유아가 흥미를 느낄 수 있도록 도울 수 있다. 또한 표현활동에 동기를 가질 수 있도록 표현하고자 하는 실물 탐색하기, 매력적인 시각 자료 제시하기, 작품 감상 후에 표현활동으로 연결하기 등의 전략도 활용할 수 있다.

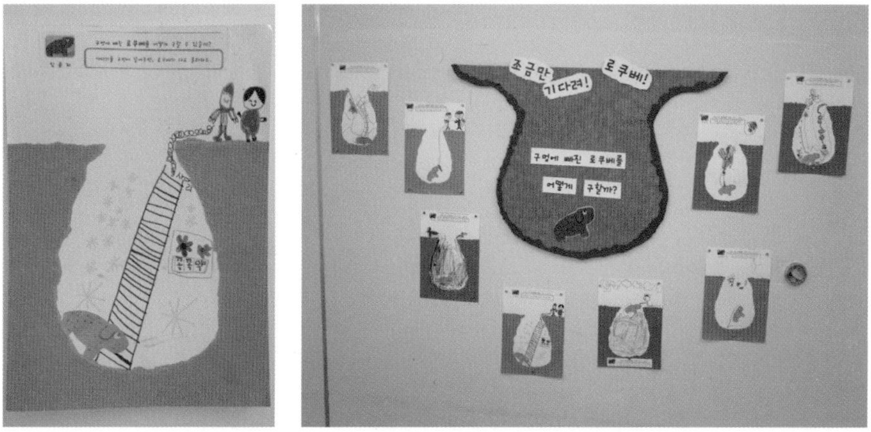

[그림 4-6] **구멍에 빠진 로쿠베를 어떻게 구할까?**

활동에 참여하고 싶으나 자신감이 없는 유아는 자신감을 가질 수 있도록 난이도를 조절하여 활동을 제공해야 한다. 여러 가지 선택권이 있을 때, 유아는 자신이 충분히 해낼 수 있다고 생각되는 수준의 활동을 선정하여 참여하게 될 것이다. 예를 들어, 현장학습으로 다녀온 동물원을 표현하는 활동을 할 때, 동물을 그림으로 표현하기 어려워서 머뭇거리는 유아에게는 모든 것을 그림으로 표현하도록 하기보다는 동물의 사진이나 잡지를 제시해 주고 오려서 붙일 수 있도록 도울 수 있다.

유아교육기관에서 벽화를 꾸미는 활동 사례([그림 4-7] 참조)처럼, 하나의 주제로 활동을 할 때 여러 화지를 제공하여 유아가 스스로 선택하여 표현하도록 할 수 있다. 이렇게 하면 유아가 자신이 원하는 것을 스스로 선택하여 활동에 참여할 수 있다는 점에서 존중받는 느낌이 들게 되고, 활동에 더욱 책임감을 느끼고 참여하게 된다. 나아가 그리기 도구 역시 사인펜, 플러스펜 등 여러 가지를 제공한 뒤 원하는 것을 선택하게 한다면 유아가 스스로 표현해 낼 수 있는 수준에서 자신감을 느끼고 참여하게 될 것이다.

[그림 4-7] **벽화를 꾸며 보아요**

또 다른 방법으로는 표현활동을 시작할 수 있도록 교사가 상호작용을 하며 안내하는 방법이다. 예를 들어, 거울을 보며 자신의 얼굴을 자세히 그리는 활동을 할 때 어떤 유아는 별다른 고민을 하지 않고 얼굴을 관찰하며 그려 나갈 수 있으나, 다른 유아는 거울을 아무리 들여다봐도 얼굴의 형태조차 그리기 어려워하는 경우가 있을 수도 있다. 이 때에는 유아가 시도해 볼 수 있도록 함께 앉아 상호작용하고 기다려 주며 도움을 주어야 한다. "얼굴을 자세히 살펴볼까?" "얼굴에 무엇이 보이니?" "얼굴 그림을 그리기 위해 무엇부터 그려 보고 싶니?" "얼굴은 어떤 모양이니?" "동그란 얼굴을 먼저 그려 볼까?" "그다음에는 무얼 그리면 좋을까?" "눈은 얼굴 안에 있니, 밖에 있니?"와 같은 상호작용을 하여 유아가 생각해 보고 표현해 볼 수 있도록 도울 수 있다. [그림 4-8]은 얼굴 그리기 활동에 참여하여 한동안 앉아만 있던 유아가 교사와의 상호작용을 통해 완성한 작품이다.

[그림 4-8] **그리기를 어려워하는 만 5세 유아가 교사와의 상호작용을 통해 표현한 자화상**

(5) 유아가 자기 작품에 관해 이야기하게 하기

유아의 작품에 관해 이야기를 나누는 것은 유아의 심미감을 발달시킬 수 있는 효과적인 방법이다(Jeffrey, 2012). 교사가 관심을 가지고 유아의 작품에 관한 이야기를 듣는 것은 유아의 창의적인 표현을 격려하며, 표현활동에 더욱 적극적으로 참여하고자 하는 마음을 가지게 한다. 작품을 완성한 후 자신의 작품을 들여다보는 과정을 통해, 자신의 작품에서 미를 발견하고 작품을 분석함으로써 미의 요소를 재확인하여 미적 감각을 높이는 의미를 가진다(서혜정, 고지민, 2017; 황수무, 2003). 또한 작품에 관한 유아의 이야기를 듣고 기록해 두는 것은 교사와 부모에게 유아의 활동 수준이나 발달에 대한 구체적인 정보를 제공하여 준다는 점에서 의미가 있다.

유아가 자신의 작품에 담긴 표현 주제, 표현 방법, 재미있었던 점이나 어려웠던 점에 관해 이야기할 수 있도록 한다. 유아가 자신의 작품에 관해 자연스럽게 이야기를 할 때는 유아의 이야기를 수용하는 태도와 말로 반응하며 경청하고, "네 작품이 궁금해. 이야기해 줄 수 있겠니?" "네 작품을 보면 어떤 느낌이 드니?" "표현할 때 즐거웠던 점은 무엇이니?" "표현할 때 어려운 점은 없었니?" "가장 마음에 드는 부분은 어디니?" "다음에 다시 한다면 어떻게 하고 싶니?"와 같은 발문을 통해 좀 더 구체적으로 생각하고 이야기할 수 있도록 돕는다.

3) 감상을 지원하는 방법

미술 감상이란 자연과 사물, 다양한 작품을 접하며 감각을 통해 아름다움을 느끼고, 작품의 미적 · 문화적 · 역사적 가치를 느끼고 판단하고 이해하며 내면화하는 과정이다(한국미술교과교육학회, 2004). 유아미술교육은 그간 표현 위주의 활동이 강조되어 온 경향이 있으나, 미적 지각 능력과 미술 감상 능력 발달에 유아기가 중요한 시기(Gardner, 1994; Parson, 1987)임이 밝혀지며, 유아미술교육에서의 감상활동의 중요성이 대두되었다. 감상활동은 유아의 미적 안목과 미적 감수성을 신장시키고, 표현능력의 발달을 도우며, 문화에 대한 이해와 시각적 문해력을 기를 수 있도록 돕는다는 점에서 중요한 의미를 갖는다(박은선, 2018). 유아의 감상활동을 지원하는 방법을 살펴보면 다음과 같다.

(1) 미술작품을 선정하여 제공하기

유아의 감상활동을 지원하기 위해서 교사는 무엇보다 유아가 미술작품과 만날 기회를 제공해야 한다. 일상생활에서 마주하게 되는 자연물이나 놀잇감도 감상의 대상이 될 수 있지만, 화가가 의도를 가지고 미적 요소와 원리를 고려하여 표현한 작품을 감상하는 것은 다양한 화가의 재료, 기법, 개념에 대해 경험하게 하여 유아의 창의적 반응에 영향을 준다(Koster, 2012). 따라서 교사는 유아의 발달 수준에 적합한 작품을 선정하여 유아가 관심을 두도록 유도하고, 활동으로 안내할 필요가 있다.

미술 감상의 대상이 되는 미술작품은 제작된 시기나 그 유형이 매우 다양하지만, 유아교육현장에서는 주로 명화만을 선정하여 감상활동이 진행되는 경우가 많으며(지성애, 김성희, 2013), 특히 근대 이전 혹은 근대의 미술작품이 제시되는 경우가 많다(박혜훈, 2015). 이는 감상활동을 할 미술작품에 대한 교사의 지식과 정보가 부족하다는 것을 추측하게 한다. 최근에는 미술작품을 접할 공간과 기회가 많아졌기에, 교사 스스로 미술작품에 관심을 두고 감상할 필요가 있다. 이를 통해 유아가 다양한 유형과 시기의 미술작품을 감상할 수 있도록 기회를 제공해야 한다.

특히 현대미술은 재료와 표현 방법, 전시방법이 다양하고 참신하다. 텍스트, 소리, 영상, 일상적인 소재 등 유아에게 친숙한 재료와 매체로 미술작품이 확장되고 있다(이보라, 2016). 또한 현대미술은 감상하는 사람의 적극적인 참여를 유도하는 작품이 많으므로 유아가 친숙함을 느끼며 오감으로 체험하며 감상하는 기회가 된다. 예를 들어, Tanya Schultz의 〈꿈속으로의 여행〉이라는 작품은 설탕과 일상생활용품을 이용하여 만들어진 작품으로, 유아가 친숙하고 흥미롭게 감상할 수 있는 작품이 될 수 있다. 박은선(2018)이 제시한 유아기에 감상하기 적합한 현대미술작품을 몇 가지 소개하면 [그림 4-9]와 같다. 유아가 다양한 형태와 시기의 작품을 접할 수 있도록 교사 스스로 미술작품을 감상하고 즐길 수 있는 태도가 중요하다.

〈꿈속으로의 여행〉(Tanya Schultz)
설탕과 오브제를 이용해 만든 작품

〈러버덕〉(Florentijn Hofman)
거대한 고무오리를 만들어 공중장소에 설치한 작품

[그림 4-9] **유아기에 감상할 수 있는 현대미술작품**

출처: 〈꿈속으로의 여행〉 아트인사이트 페이지.

나의 미적 감수성 더하기

인터랙티브 미술 경험하기

인터랙티브 미술은 작품과 관객이 신체적으로 상호작용하며 작품에 나타내는 변화 과정과 모습을 담아내는 미술(Muller et al., 2006: 박혜훈, 2018에서 재인용)을 말합니다. 유아와 활동하기에 적합한 인터랙티브 미술작품으로 박혜훈(2018)이 제시한 작품 중 다음의 두 작품에 함께 참여해 보세요.

〈Obliteration Room〉(Kusama Yayoi)

이 작품은 설치미술작품으로 작가가 설치한 하얀 가구, 하얀 소품, 하얗게 칠해진 방에 들어가 다양한 색깔과 크기의 동그란 스티커로 꾸며 주는 미술작품입니다.

출처: ZIMBIO 페이지.

출처: ARTEBA 페이지.

- 준비물: 하얀색 소품(도화지, 우드록, 컵, 종이상자 등), 색깔과 크기가 다양한 동그란 모양의 스티커
- 활동 방법

1. 서너 명 정도 그룹을 만들어 보세요.
2. 순서를 정해서, 하얀색 소품에 원하는 동그란 모양의 스티커를 하나씩 붙여 보세요.
3. 변화되는 모습을 감상해 보세요.

〈Placebo〉(Felix Gonzalez-Torres)

이 작품은 개념미술작품으로 500kg 분량의 사탕을 바닥에 깔아 놓으면 관객이 사탕을 원하는 만큼 가져가고, 작가는 사탕이 줄어든 만큼 다시 채워 놓는 과정을 반복하는 작품입니다.

출처: (좌) Public Delivery 페이지; (우) Artlinked 페이지.

- 준비물: 비닐포장된 사탕, 카메라
- 활동 방법

1. 서너 명 정도 그룹을 만들어, 각 팀에서 같은 종류의 비닐포장된 사탕을 준비하세요.
2. 조원들과 협의하여 비닐포장된 사탕을 전시하세요.
3. 순서를 정해 비닐포장된 사탕을 한 움큼씩 집어서 꺼내 보세요.
4. 변화되는 모습을 사진으로 촬영해서 감상해 보세요.

(2) 발문을 통해 감상을 돕기

감상활동이 단편적인 지식 전달 활동에 그치는 것이 아니라 유아가 작품에 관심을 두고 살피며, 느끼고 이해하고 판단할 수 있도록 하기 위해서는 교사의 적절한 발문이 필요하다. 류재만(2004)은 감상활동이 보고 느끼는 활동에서 나아가 읽고 느끼는 활동으로 이루어져야 함을 강조하며 감상활동에 적용할 수 있는 발문을 기호학적 관점, 미학적 관

점, 사회문화적 관점으로 구분하여 제시하였다. 각각의 내용을 살펴보면 다음과 같다.

기호학적 관점에서의 감상은 작품의 외적인 표현을 분석하고 이를 통해 작품에 담긴 내적인 의미를 읽어 내는 것이다. 기호학적 관점에서는 미적 요소 및 원리와 관련된 발문, 표현 주제와 관련된 발문을 할 수 있다. 미학적 관점에서의 감상은 작품에 대한 미적 직관이나 미적 가치 판단을 의미한다. 미적 직관은 작품을 마주했을 때 느낀 최초의 반응이나 느낌에 대한 것이고, 미적 가치 판단은 유아가 작품에 대해 잘된 점이나 아쉬운 점을 평가하고 판단을 내리는 것이다. 사회문화적 관점에서의 감상은 작가의 성장 배경이나 작품이 탄생하게 된 사회문화적 배경을 이해하는 것이다. 각 관점에서의 발문의 예시는 다음과 같다.

*** 기호학적 관점에서의 발문 예시**

- 어떤 재료를 사용해서 표현한 것 같니?
- 가장 많이 사용된 색은 무엇이니?
- 이 작품에서 가장 눈에 띄는 부분은 어느 곳이니?
- 사람들은 어디를 바라보고 있니?
- 이 그림에 제목을 붙인다면 어떤 제목을 붙이고 싶니?

*** 미학적 관점에서의 발문 예시**

- 이 그림을 보고 무엇이 느껴졌니?
- 이 그림을 보니 무엇이 떠오르니?
- 이 그림에서 소리가 들린다면 어떤 소리가 들릴 것 같니?
- 이 그림에서 재미있게 표현된 부분은 어디인 것 같니?
- 이 그림에서 바꾸고 싶은 부분이 있니?

*** 사회문화적 관점에서의 발문 예시**

- 이 그림은 언제 그려진 것일까? (어느 시대의 작품일까?)
- 이런 그림을 부르는 이름이 무엇인지 알고 있니?
- 왜 이런 그림을 사람들이 좋아했을까?
- 이 그림의 제목은 무엇일까?

이상에서 살펴본 기호학적 관점, 미학적 관점, 사회문화적 관점에 따른 감상이 이루어질 수 있도록 지원한다면, 유아가 느끼고 이해하는 감상활동이 일어날 수 있을 것이다. 단, 이러한 관점에 따른 발문은 유아의 발달 수준에 적합해야 한다. 너무 쉽거나 어려운 발문은 유아의 감상에 대한 흥미를 잃게 할 수 있다. 따라서 교사는 제시된 발문의 내용 중 유아에게 적합한 수준을 선정하여 재구성하고, 발문의 어휘 선정 등에 심혈을 기울여야 할 것이다.

(3) 다양한 방법으로 감상하도록 하기

유아가 미술작품에 친근감을 느끼며 감상하는 태도를 기를 수 있도록 하려면, 게임, 토의, 작품 재구성, 신체표현, 음악 감상 등 다양한 방법을 활용하여 즐거운 감상활동이 이루어지게 할 필요가 있다. 작품에 드러난 기본적인 미적 요소와 원리의 발견, 작품의 사회문화적 관점에 대한 이해 등을 한 뒤에 작품을 다양하게 활용한 활동으로 연계하면 유아는 작품을 좀 더 즐길 수 있게 된다.

구체적으로 게임을 통한 미술 감상은 미술작품을 소재로 한 여러 가지 형태의 게임을 하며 미술작품을 가지고 놀이할 수 있도록 하는 것이다. 명화를 확대한 뒤 잘라서 퍼즐 조각으로 제시하거나, 여러 작품으로 카드를 제작하여 메모리(기억) 게임을 할 수 있다. 또한 미술작품을 감상하며 발견한 것을 하나씩 이야기하는 말놀이 게임을 해 볼 수도 있다. 이를 통해 명화를 좀 더 세밀하게 관찰하는 기회를 가지게 될 것이다.

나의 교수효능감 더하기

Feldman과 Anderson이 제시한 미술 감상 내용

미술작품 감상의 내용을 학자마다 다양하게 제시하고 있습니다. 대표적으로 Feldman(1993)과 Anderson(1997: 고은실, 2008에서 재인용)이 제시한 내용을 살펴보고 필요한 부분을 적용하도록 합시다.

Feldman의 미술 감상 내용

Feldman은 미술 감상활동의 내용으로 서술, 분석, 해석, 평가의 네 가지를 제시하였습니다.

- 서술: 작품에서 객관적으로 보이는 것을 기술하는 것
- 분석: 작품에 나타난 미적 요소와 원리를 관찰하고 서술하는 것
- 해석: 작품에 내재된 의미를 해석하는 것으로, 작가의 관점에서 작가가 표현하고자 하는 것을 생각해 보는 것
- 평가: 앞선 서술, 분석, 해석 단계에서 찾아낸 근거를 가지고 작품의 가치를 판단하는 것

Anderson의 미술 감상 내용

Anderson은 미술 감상활동의 내용으로 반응 · 인상, 서술 · 묘사, 해석, 평가의 네 가지를 제시하였습니다.

- 반응 · 인상: 작품과 처음 마주했을 때 느껴지는 직관적인 생각이나 느낌, 즉 작품에 대한 첫 인상(예: "작품을 보니 느낌이 어떠니?" "작품을 보고 떠오르는 것이 있니?")
- 서술 · 묘사: 작품에 드러나는 미적 요소와 미적 원리를 발견하여 그 관계를 탐색하고, 작품을 둘러싼 내재적 환경, 즉 작가의 이름과 설명, 작품이 만들어진 시기 등에 대해 이해하는 내용
- 해석: 작품이 궁극적으로 의미하는 바에 대하여 주관적으로 생각하는 내용(예: "네가 작가라면 이 작품에 어떤 제목을 붙이고 싶니?" "작가는 사람들에게 무슨 말을 하고 싶었을까?")
- 평가: 작품의 가치에 대해 생각하는 단계

Feldman이 제시한 감상의 내용은 미술 감상활동이 체계적으로 이루어지는 데 기여하여 유아 감상활동에서 많이 활용되었습니다. 그러나 시각적 요소에 근거한 미술 감상 전개로 작품의 외형에 대한 감상만이 이루어지기 때문에(김형숙, 2008; 박지영, 2009), 감상의 주체인 유아의 다양성이 존중되지 못하는 일방적인 감상활동이 될 수 있다는 한계점이 지적되었어요. Anderson이 제시한 미술 감상의 내용은 형식적이고 외형적인 미술 감상의 한계점에서 나아가 작품에 내재하여 있는 맥락적인 부분까지 고려하여 폭넓게 미술 감상을 할 수 있도록 안내하고 있습니다. 이들이 제시한 미술 감상의 내용이 미술 감상의 교수 · 학습 단계로 활용되고 있으나, 반드시 이들이 제시한 순서대로 감상활동을 해야 하는 것은 아니에요. 감상하고자 하는 작품의 특성, 유아의 발달과 흥미를 고려하여 감상활동을 진행하는 것이 바람직합니다.

토의를 통한 미술 감상은 소집단으로 구성된 그룹에서 작품을 보고 미적 요소와 원리, 작품에 대한 느낌에 대해 이야기를 한 후 그 결과를 정리하여 발표하는 것이다. 이러한 감상활동은 같은 작품이라 할지라도 그룹마다 서로 다른 점을 의미 있게 발견하여 소개하는 기회가 될 수 있다. 따라서 유아는 작품 감상의 다양성을 경험할 수 있으며 소통능력을 기르게 된다.

작품 재구성을 통한 미술 감상은 작품의 주제나 사용한 자료, 표현 기법을 따라 하거나, 유아의 생각을 더해 변형하여 표현해 보는 것이다. 이 과정을 통해 유아는 작품을 여러 번 세밀하게 관찰함으로써 작품에 대한 이해를 높일 수 있다(김은심, 김정희, 손미애, 유지안, 2019).

이 외에도 유아가 큐레이터처럼 작품을 소개해 보는 역할을 맡아 보거나 작품에 등장하는 주인공의 움직임을 몸으로 표현하는 신체활동, 작품에 등장하는 주인공의 생각이나 마음을 언어로 표현해 보는 활동, 작품의 주제 및 분위기와 어울리는 배경음악을 선정하는 음악활동 등을 해 볼 수 있다. 교사는 창의성을 발휘하여 유아가 미술작품을 더 친근하게 느끼고 다가설 수 있도록 다양한 감상 방법을 활용하여 지원하도록 한다.

3. 교사의 역할

유아 · 놀이 중심 교육과정을 운영하기 위해서는 교사의 관찰자로서의 역할과 지원자로서의 역할이 강조된다. 이는 유아미술교육에서도 마찬가지로 중요하다. 앞서 제시한 유아미술교육의 교수 · 학습원리와 교수 · 학습방법을 토대로, 교사는 유아의 미적 경험과 미술활동을 유심히 관찰하고 개별 유아에게 적절한 지원을 해야 한다. 유아가 미술놀이와 미술활동을 할 수 있는 시간과 공간, 재료와 도구를 제공하는 것이 교사이기 때문에, 유아의 미적 능력을 계발하는 데 교사의 역할은 매우 중요하다. 이에 유아미술교육에서 관찰자와 지원자로서의 교사의 역할에 더해, 유아의 미적 능력 계발을 위해 요구되는 교사의 역할을 살펴보기로 하겠다.

(1) 심미적 환경과 재료 제공자로서의 역할

교사가 심미적 환경을 구성하고, 유아가 미술놀이와 미술활동을 할 수 있는 재료와 도구를 풍부하게 제공해 주면, 유아는 자연스럽게 미적 경험을 하게 된다. 교사는 미적 요소와 원리를 고려하여 심미적으로 교실 환경을 구성하여 유아들이 일상생활 중에서도 자연스럽게 아름다움을 느끼며 심미감을 발달시킬 수 있도록 도와야 한다. 심미적인 환경 구성을 위해 교실 전체에 사용되는 색감과 균형을 고려한다. 교실 천장에는 자연물이나 인공물을 활용한 모빌을 달 수 있고, 작가의 미술작품을 게시할 수 있다. 유아의 작품을 전시할 때에는 전시되는 공간과 유아와의 작품을 고려하여 전체적으로 조화로우면서도 유아의 작품이 돋보일 수 있도록 한다.

유아가 미술활동에 쉽게 접근할 수 있도록 유아의 발달 수준에 적합한 재료를 제공한다. 폭넓고 다양한 재료의 제공은 유아가 끊임없이 미술활동에 참여하도록 한다. 재료의 변화 없이 익숙한 재료만 반복 제공될 경우, 유아는 미술활동에 쉽게 싫증을 느끼게 될 수 있다. 따라서 교사는 유아의 발달 수준에 적합하면서도 새로운 재료를 발견하여 제공하기 위해 노력해야 한다. 예를 들어, 꾸미기 활동에 흥미를 잃은 유아를 위해 접착력이 있으면서도 꾸미기 용도로 사용이 가능한 생크림 본드를 새롭게 제공할 수 있다. 생크림 본드는 튜브 형태의 용기에 색깔별로 담겨 있어, 유아가 튜브를 누르면 생크림으로 장식된 것처럼 표현이 되며 접착력이 있는 제품이다([그림 4-10] 참조). 새로운 재료를 접하게 된 유아는 미술활동에 지속해서 관심을 두고 표현을 시도하게 될 것이다.

[그림 4-10] 생크림 본드와 이를 활용하여 표현한 유아의 작품

[그림 4-11] 여러 재료 중 '분홍색 재료'만 사용하여 표현한 유아의 작품

또한 목공풀을 이용하여 만들기를 할 때 완전하게 접착이 될 때까지 기다리는 것을 어려워하는 유아에게 단시간에 접착이 되면서도 안전한 실리콘 접착제를 제공할 수 있다. 실리콘 접착제를 팔레트에 짜 주고 면봉을 이용하여 접착면에 칠할 수 있도록 한다. 교사가 새롭게 제공해 주는 재료들을 통해 유아는 미술활동에 더욱 흥미를 가지고 참여하여 즐거움을 느끼게 될 것이다.

미술재료를 제공할 때에는 무조건 다양하고 많은 종류와 양을 제공하는 것이 바람직한 것은 아니라는 것을 유념해야 한다. 너무 많은 자료가 제공되면 유아가 무엇을 선택해야 할지 몰라 혼란스러운 시간을 가지게 된다. 따라서 교사는 유아의 반응을 살피며 재료를 점차 확장하여 제공하는 것이 바람직하다. 때로는 미술표현 기법이나 주제에 따라 다양한 재료 중에서 특정 재료만을 선택하여 미술표현을 할 수 있도록 돕는 것도 필요하다. 예를 들어, [그림 4-11]에 제시한 콜라주 작품과 같이 콜라주 재료를 다양하게 찾아본 뒤, 하나의 색으로만 된 재료를 제한적으로 사용하여 더욱 창의적이고 심미적인 표현을 할 수 있도록 도울 수 있다.

(2) 참여자로서의 역할

유아의 미술놀이와 활동을 지원하기 위해서 교사가 반드시 그림을 잘 그려야 할 필요는 없으나, 유아와 함께 미술활동에 참여하여 즐기는 모습을 보여 주는 것은 필요하다. 미술활동에 자신감이 없는 교사가 있을 수도 있겠지만, 교사가 미술활동에 소극적인 태도를 보이고 자신 없어 하면, 유아 역시 미술은 매우 어려운 것이라고 생각하기 쉽다(이원영 외, 2019; 이정욱, 임수진, 2017). 미술활동은 결과 중심이 아니라 과정 중심의 활동이라는 것을 기억하며, 교사 역시 멋진 결과물을 만들어 내려고 노력하기보다는 미술재료를 만져 보고 두드려 보며 탐색하는 모습, 표현을 시도하며 즐거워하는 모습을 보여 주는 것이 중요하다. 교사의 이러한 모습을 보는 유아 역시 교사처럼 즐겁게 결과물에 대한 부담 없이 미술을 즐기게 된다. 교사가 미술놀이와 미술활동에 참여하여 재료와 도구를 사용하는 모습을 보여 주는 것은, 유아의 이목을 끌어 유아를 미술활동에 참여하게 하고, 유아의 재료와 도구 사용 능력에 도움이 된다(이정욱, 임수진, 2017).

교사가 참여자로서 미술활동을 할 때 유의할 점은, 유아가 어떻게 표현할 것인지 생각하기 시작했을 때나 유아의 표현 과정 중에는 교사의 결과물을 보여 주지 않아야 한다는 것이다. 유아가 교사의 결과물을 보았을 때 교사의 표현 방법대로 따라 표현하고자 하는 마음이 들게 되고, 때로는 교사처럼 표현하지 못할까 봐 위축되어 유아의 자유롭고 창의적인 표현을 방해하기 때문이다. 따라서 교사는 유아의 미술활동에 함께 참여하여 즐기는 모습을 보여 주되, 유아의 미술활동 속도에 맞추어서 교사의 활동 속도를 조절하여야 한다.

(3) 반응자로서의 역할

교사는 유아의 미술활동에 대해 언어적 또는 비언어적으로 반응하며 유아의 미적 능력 발달을 도울 수 있다. 미술활동에 참여하고 있는 유아를 바라보는 교사의 표정과 자세는 유아의 정서와 행동에 많은 영향을 주게 된다. 교사는 온화한 표정과 웃는 얼굴로 유아를 바라보고, 유아와 눈이 마주쳤을 때 더 크게 미소 지어 표정의 변화를 주거나 고개를 끄덕이는 등의 반응을 보여 준다. 이러한 비언어적 반응은 유아에게 인정받고 있고 수용받고 있다는 느낌을 주어, 유아가 더욱 적극적으로 활동에 참여할 수 있도록 돕는다. 또한 유아가 자신의 미술활동이나 작품에 관해 이야기할 때 적극적으로 경청한다. 유아나 유아의 작품을 바라보며 이야기를 듣고 궁금한 점에 대해 질문하는 등의 반응을 보일 때, 유아는 교사가 자신과 자신의 작품에 관심이 있다고 느끼게 된다.

유아가 교사에게 자신의 작품을 보여 주며 이야기할 때, 교사는 언어적으로 반응하며 유아의 활동에 공감하고, 유아가 자신의 활동을 더욱 의미 있게 느끼도록 도울 수 있다. 유아의 작품에 대해 언어적으로 반응할 때에는 '멋있다' '잘 그렸어'와 같은 막연한 칭찬은 자제해야 한다. 이러한 형식적인 칭찬이 지속되면, 유아는 처음 몇 번은 기분이 좋았을지라도, 선생님이 자신의 작품에 진심으로 관심이 있다고 느끼지 못하게 된다. 나아가 '잘했다'는 이야기를 듣는 미술활동만이 좋은 활동이라는 생각에 교사가 만족할 수 있도록 결과물이 '잘' 나오도록 해내야만 한다는 생각을 하게 하여 부정적인 영향을 준다. 따라서 교사는 막연한 칭찬이 아니라, 유아의 표현을 구체적으로 격려하는 반응을 하여야 한다. 예를 들어, 가을 풍경을 표현한 유아의 작품을 보고 "정말 가을 같구나. 멋져!"라고 칭찬하기보다는, 유아의 표현을 자세히 관찰한 뒤 "구름 옆에 동글동글 구부러진 선을 표시한 걸 보니 가을바람이 부는 느낌이 들어."와 같이 격려해 줄 수 있다.

교사가 유아의 작품에 대해 언어적으로 반응을 할 때 작품에 나타난 미적 요소와 원리, 표현 기법, 감각적 특성에 관해 이야기해 주는 것이 바람직하다(이원영 외, 2019; 이정욱, 임수진, 2017). 가을 풍경을 표현한 유아의 작품에 대한 교사의 언어적 반응 예시를 살펴보면 다음과 같다.

*** 유아의 작품에 대한 교사의 언어적 반응 예시**

- 진한 주황색과 연한 주황색을 많이 사용하니 가을 느낌이 드는구나.
- 구부러진 긴 선을 이용하여 벼를 표현했네. 벼이삭을 자세히 관찰하고 짧은 선으로 표현했구나.

- 벼이삭이 무거워서 고개를 숙인 가을 벼를 보니 수확할 때가 된 것 같아.
- 구름 옆에 선을 동그랗게 구부려서 마치 바람이 부는 느낌이 들어.
- 잠자리의 꼬리가 살짝 둥근 것을 보니 잠자리가 마치 즐거운 마음으로 날아다니는 것 같아.
- 종이의 아랫부분에는 벼를 그리고, 윗부분에는 잠자리와 구름을 표현했구나.

교사가 유아의 작품에 대해 반응할 때 유의할 점은 유아의 작품을 보고 '이것은 무엇이니?'라고 묻거나 단정적으로 '○○○를 그렸구나.'라고 이야기하지 않아야 한다는 것이다. 이러한 교사의 반응은 유아의 작품을 무엇인가로 한정 짓게 하여 창의적인 표현을 방해하게 되고, 때로는 교사가 예상한 것과 다른 것을 표현하였을 경우 유아를 위축시키게 된다.

나의 교수효능감 더하기

유아의 작품을 보고 언어적으로 어떻게 반응할 수 있을지 생각해 보세요.

다음의 작품을 살펴보고, 표현 주제, 재료, 기법이 무엇인지 파악해 보세요. 유아가 작품을 완성하여 보여 줄 때 어떻게 언어적 반응을 해 줄 수 있을까요?

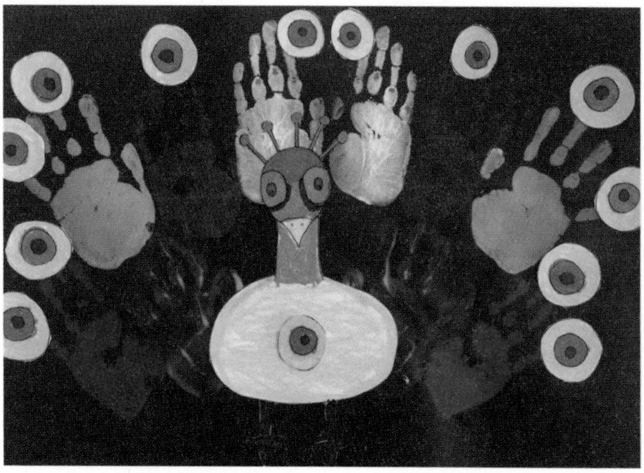

교사의 바람직한 언어적 반응을 생각하여 짝과 이야기 나누어 보고 적어 보세요!

•

•

•

제5장

유아미술교육을 위한 물리적 환경

나의 학습동기 더하기

'아름다운' 공간은 우리를 움직이게 합니다.

자기도 모르게 "와~" 하고 함성이 나오는 공간이 있습니다.
빛의 조화로움, 세련된 색채, 인상적인 소품들, 여백의 미…….
그 공간 안에서 우리는 설레고 상상하게 되며 행동하게 됩니다.

내가 갔던 아름다운 공간을 떠올려 보세요!
그곳에서 어떤 느낌을 받았는지 함께 이야기 나누어 보아요.

유아교육기관에서 물리적 환경은 '제3의 교사'라고 합니다. 유아들은 물리적 환경을 통해 스스로 지식을 배울 뿐만 아니라 학습이 이루어지도록 자극을 받을 수 있으며, 때로는 안정감을 느끼는 등 정서적 지지도 얻을 수 있기 때문입니다.

특히 아름다움을 받아들이고 표현하는 것이 목표인 미술 영역에서는 어떤 물리적 환경이 제공되느냐 하는 문제가 유아의 예술적 성장과 발달에 매우 중요한 부분일 것입니다. 이에 이 장에서는 유아를 위한 물리적 환경을 구성하기 위해 무엇을, 어떻게 준비해야 하는지 자세하게 알아보기로 하겠습니다.

1. 유아를 위한 미술 영역의 의미

1) 유아미술을 위한 물리적 환경의 중요성

우리는 환경과의 상호작용을 통해 세상을 이해하고 배우게 된다. 이때 환경은 자신이 속한 사회의 문화, 미디어, 지역사회 등의 사회문화적 환경부터 부모, 교사, 또래 등의 인적 환경, 설비나 시설, 자료 등의 물리적 환경까지 광범위한 범주를 갖는다.

직접적이고 감각적인 탐색으로 학습하게 되는 유아의 발달적 특성으로 인하여 실제적이고 구체적으로 존재하는 공간과 사물의 질은 곧 경험과 발달에 절대적인 영향을 미친다. 교육기관의 물리적 환경과 인지적 · 사회적 · 신체적 성장과의 관련성에 대하여 많은 연구가 보고되고 있으며, 풍부하고 질적으로 우수한 환경을 구성해 주는 것의 중요성이 강조되고 있다(교육부, 2014).

미술 영역에서는 자연과 주변 환경, 재료와 도구 등에 대한 직접적인 감각적 탐색을 통한 경험이 미술적 발달에 큰 역할을 하게 되므로 어느 영역보다 물리적 환경이 중요한 의미를 가진다. 언어, 수학, 과학 등의 교육 영역에서는 해당 학습의 목표와 그 지도를 위해 물리적 환경이 수단으로 사용되는 면이 크다면, 미술 영역에 있어서는 활동이 이루어지는 미술 영역의 설비 및 재료가 수단일 뿐 아니라 미적 분위기를 조성하여 감각적 자극이 되고, 감수성을 향상시켜 심미적인 과정이 이루어지도록 하는 등 물리적 환경과의 지속적인 상호작용이 미술의 교육적 목표를 이루게 하는 원동력이 된다. 미술활동의 과정이 즐거운 경험으로서 자신을 표현할 수 있는 기회가 되기 위하여 적절한 환경과 재료의 준비는 교사의 지도 역할 이상으로 중요하다.

따라서 미술 영역에서의 물리적 환경 구성에 있어서 교사는 그 중요성을 인지하고 준비해야 한다. 교육기관에서 물리적 환경을 준비할 때에는 일반적으로 교사의 주도적인 준비로 이루어지게 되므로, 교사가 마련한 우수한 물리적 환경이 어린 유아에게 주는 영향은 절대적이다. 교사는 미술 경험에서 물리적 환경의 중요성을 인식하고, 책임감을 가지고 물리적 환경을 구성해야 할 것이다.

2) 유아미술을 위한 물리적 환경의 고려사항

유아교육기관에서 물리적 환경이란 고정적 · 반고정적 시설(교구장, 수납장, 파티션 등)을 포함하여 재료의 다양성과 양, 제시 방법, 공간의 배치 · 구성 · 밀도, 어린이 안전에 대한 허용 범위, 물리적 환경에 대한 가치 인식, 기타 교실 상황에 대한 고려 등 교육기관의 분위기를 조성하고 유아의 행동에 직 · 간접적으로 영향을 주는 환경을 의미한다(Phyfe-Perkins, 1979). 유아미술을 위한 물리적 환경을 구성하기 위해서는 시설 및 재료와 같은 사물뿐만 아니라 공간과 교실 상황, 물리적 환경에 대한 신념 등 다양한 관점에서 고려해야 한다.

유아미술을 위한 물리적 환경 구성을 위하여 고려할 사항은 상황에 따라 다양하겠으나, 다음의 내용은 심우경과 김민경(2013)이 「유치원 물리적 환경 구성 평정척도 개발 기초연구」에서 제시한 환경 특성을 참고하여 정리한 내용을 바탕으로 하였다.

(1) 안전성

유아를 위한 물리적 환경 구성에 있어서 무엇보다 우선시되어야 하는 것은 안전성이다. 어린 유아는 자신의 신체를 능숙하게 활용하는 데 있어 어려움이 있을 수 있으므로 유아의 발달에 따른 안전하고 편안한 공간을 마련해야 한다. 특히 자료의 빈번한 사용으로 인하여 미술 영역 내에서 이동이 자주 이루어지며, 여러 유아가 책상, 이젤 등에서 함께 작업을 활발하게 이루어 나가기 때문에 각 설비 간의 일정거리가 유지되어 서로 부딪히거나 방해가 되지 않는 공간 구성이 필요하다.

교구장, 수납장 등의 시설 및 자료에 대한 안전성을 지속적으로 확인해야 한다. 시설 및 설비의 안전성 확보를 위해 가구 및 벽과 기둥의 모서리가 날카롭지는 않은지, 마감은 완성도 있게 되어 있는지를 점검표를 통해 체크해야 하는 것은 물론이고, 미술 영역의 특성상 새로운 자료들을 제공해야 하는 경우가 많은데, 성분에 대한 확인과 함께 안전하게 사용하는 방법에 대한 안내가 필요하다. 미술활동에서는 물을 사용하는 경우가 많으므로 유아가 바닥에 묻은 물로 인하여 미끄러지지 않도록, 물을 사용할 때에는 미끄러지지 않는 재료를 바닥에 두는 등 안전을 위한 배려가 필요하다.

안전성이 최대한 보장된 물리적 환경은 유아에게 신뢰감과 안정감을 제공하여 자신의 미술활동에 몰입할 수 있도록 도울 수 있다.

(2) 쾌적성

공간을 구성할 때에는 온도와 공기, 습도, 소음, 환기 등이 적절히 이루어져 쾌적한 물리적 환경이 항상 준비될 수 있도록 하여야 한다. 미술 영역은 작업 과정에서 유아의 눈의 피로를 최소화하기 위하여 조명을 설치하거나 작업에 몰입할 수 있도록 소음을 고려해야 한다. 접착제를 사용하는 경우가 많으므로 환기를 위하여 통풍이 잘되는 공간에 배치하면 좋다.

자신을 표현하는 데 적극적일 수 있도록 도우며 상상할 수 있는 기회를 주기 위해서 안정감 있고 안락한 환경이 필요한데, 이는 쾌적한 환경이 영향을 미친다.

또한 미술 영역에서 이루어지는 작업으로 인하여 준비된 환경이 자주 손상되거나 더러워지곤 한다. 그리기 도구나 채색도구로 인하여 작업대가 더러워지거나 자료들이 찢어지고, 물기로 인해 시설이나 재료가 손상될 수 있다. 깨끗하고 정돈된 환경을 항상 유지하도록 노력하여야 하며, 유아 스스로 주변 환경을 정리할 수 있도록 돕는 청소도구 등의 물리적 환경도 준비되어야 한다. 청결과 위생은 유아의 건강과 안전과도 직결되므로 각별히 신경 써야 한다.

(3) 융통성

물리적 환경을 계획하고 준비하는 과정은 학기가 시작되면서 이루어진다. 교사는 이후 교육적 요구와 필요에 따라 지속적으로 물리적 환경이 변화되도록 노력해야 한다.

교육내용과 활동 방식, 유아의 요구에 따라 공간적인 구조적 배치가 변경될 수 있어야 한다. 협력이 필요한 활동의 경우 작업대를 넓힐 수 있으며 개별 활동이 필요할 때에는 개인 이젤이나 개인 작업대를 마련하는데, 이러한 설비의 변경은 미술 영역의 전체 공간 구조에 영향을 미치게 되므로 조화를 고려하여 융통적으로 이루어질 수 있도록 한다. 유아와 함께하는 미술활동 과정에서는 이러한 융통적인 변화가 빈번하게 이루어지기 때문에, 설비들은 바퀴 등을 사용하여 이동이 가능한 것이 효율적이다.

미술 영역은 유아가 자유롭게 사용할 수 있는 자료의 종류가 다양하며, 그 제시 방법에 있어서도 창의적인 시도가 이루어지는 곳이다. 이는 유아를 위해 준비할 수 있는 범위에 제한이 없음을 의미하는 것으로, 교사는 개방적으로 접근하여 유아가 다양한 물리적 환경을 접할 수 있도록 노력하여야 한다.

또한 미술 영역에서의 활동은 다른 영역과의 교류를 통해 확장될 수 있다. 예를 들어, 역할 영역에서 이루어지고 있는 미용실 놀이를 하기 위하여 미술 영역에서 미용실에서 사용하는 도구를 만들 수 있으며, 미술 영역의 작은 자료들이 쌓기 영역에서 소품으로 사용될 수도 있다. 따라서 유아의 놀이나 활동을 참고하여 영역 간 자료의 공유와 개방이 이루어지고 영역 간 자료 이동이 원활하게 허용되도록 하기 위하여 해당 영역을 가깝게 배치하거나 실내용 작은 수레 혹은 바구니 등을 준비할 수도 있다.

무엇보다 이러한 융통성을 고려하기 위해서는 교사 스스로 구조를 변화하고 자료의 종류와 제시 방법에 있어 창의적인 시도를 도전하고 영역 간의 교류를 허용하는 것에 대한 열린 태도가 필요하다.

(4) 편의성

편의성은 편리성, 다양성, 적합성이라는 세 가지 측면으로 나누어 생각할 수 있다. 편리성은 시설과 설비의 배치가 편리하게 이루어져 이용이 수월하고, 시설이 완비되어 있어서 유아가 계획한 것을 실현하는 데 불편함이 없도록 물리적 환경을 마련해야 한다는 것이다. 물감을 사용하여 표현할 때 싱크대에서 물을 가져온 후 책상이나 이젤에서 표현 작업을 하고 이어 건조대에 작품을 말리는 과정에서 동선이 편리한지를 고려할 수 있어야 한다. 다양성은 시설과 설비, 자료 등의 크기와 형태가 다양하여 유아 자신이 원하는 것을 선택함에 있어서 다양한 기회를 줄 수 있는지를 의미한다. 협력하여 표현할 때와 혼자서 표현할 때를 위해 작업대를 다양하게 마련하거나 그리기, 채색하기 외에 붙이기, 만들기 등을 위한 다양한 자료를 준비하여 유아의 표현의 기회와 선택의 가능성을 고려할 수 있어야 한다. 마지막으로 적합성에 따라 각 연령에 알맞은 인체공학적 시설과 설비를 마련하고 발달에 적합한 비품, 교재・교구 등의 준비 과정이 이루어져야 한다. 어린 유아일수록 개별적인 발달의 차이가 크기 때문에 대・소근육 발달, 인지 발달, 사회 발달 등을 전체적으로 고려하여 개별적 차이가 있음에도 공동의 공간에서 편리하게 사용할 수 있도록 해야 한다.

(5) 자존성

개인의 독립성 보존을 강조하는 자존성은 유아가 자기주도적으로 활동에 참여하고 조용히 생각할 수 있는 사적 공간을 보호하도록 미술을 위한 물리적 환경을 구성해야 한다는 것이다. 영역을 나눌 때에 쌓기 영역이나 역할 영역 등을 활동적인 것으로, 언어 영역이나 미술 영역을 조용한 영역으로 구분하기도 하지만, 한 영역 안에서도 함께 활동할 수 있는 공간과 조용히 혼자 활동할 수 있는 공간을 마련한다면, 개별 유아의 요구가 반영된 다양한 미술 경험이 이루어질 수 있을 것이다.

한편, 앞서 미술 영역이 다른 영역과의 교류를 통해 미술 경험의 확장을 이룰 수 있다고 하였으나, 동시에 미술 영역 본래의 목표와 교육내용에 충실하게 물리적 환경을 마련하는 것 역시 중요하다. 유아의 흥미와 요구에 따라 어떤 선택에 치중할지는 달라지겠지만, 미술 영역만의 고유성을 보장하는 과정에서 심미적 감수성과 자기표현력 등 미술교육의 목표를 분명하게 이룰 수 있다는 것도 상기하여야 한다. 예컨대, 역할 영역이나 쌓기 영역과의 교류 과정에서의 역동성이 몰입을 통한 개별 유아의 자기표현을 방해하지 않도록 주의를 기울여야 한다.

유아가 자신의 작품을 직접 전시할 수 있는 공간이나 유아의 눈높이에 맞춘 게시물들을 위한 공간, 스스로 비품과 활동 자료를 정리할 수 있도록 하는 서랍장, 바구니 등을 마련하는 것도 유아가 활동의 모든 과정에 주도적으로 참여할 수 있도록 하는 방안이 된다.

(6) 이동성

유아는 미술활동이나 놀이의 과정에서 영역 내에 정적으로 머무르기도 하지만, 교재·교구 및 자료의 선택, 또래 간의 소통 등을 목적으로 이동하거나, 때로는 다른 영역으로 이동하고자 한다. 미술활동을 위한 물리적 환경은 영역 안에서 몰입하여 즐겁게 활동하는 것을 목표로 구성하는 것도 중요하지만, 유아가 자유롭게 실·내외 어디든 움직일 수 있도록 통로와 같은 공간이 필요하다. 일반적으로 유아를 위한 공간은 움직임을 최대한 허용하도록 하기 위하여 충분한 공간이 요구되는데, 각 기관이나 교실의 상황에 따라 매우 협소할 수도 있겠지만 이동성이라는 고려사항을 염두에 두어 미술을 위한 공간이 고립되지 않도록 하여야 한다.

유아는 미술 공간 내 혹은 미술 공간 밖을 오고 가면서 또래나 자료와 소통을 이루며 활동을 확장할 수 있다.

(7) 심미성

아름다운 물리적 환경을 구성하는 것은 유아로 하여금 환영받고 있다고 느끼게 하여 그 공간에 오랫동안 머물고 싶게 만든다. 또한 미술교육의 중요한 목표인 미적 감수성을 자극하여 자신의 생각과 정서를 표출하는 과정에서 이를 보다 창의적이고 아름답게 나타내도록 도울 수 있다. 따라서 미술을 위한 공간은 벽과 바닥의 색깔과 재질이 전체적인 채광이나 조명과 조화를 이루어 연출되어야 한다. 책상이나 작업대, 시설물들은 정형화된 모양보다는 기하학적 형태로 제작되고, 게시물이나 모빌, 그림은 다양한 선과 형태를 이용해 유아의 시선을 끄는 요소들이 적절히 균형을 이룬다면 더욱 심미성을 느낄 수 있을 것이다.

아름다움에는 주관적 기준이 다를 수 있으므로 정해진 하나의 미적 관점을 따르기보다는 다양한 미적 관점이 환경에 표현될 수 있도록 수시로 환경을 변화시켜야 한다. 어떤 유아는 화려한 색감에 감흥을 얻을 수 있겠지만 또 다른 유아는 단순한 선에서 특별한 의미를 느낄 수 있으므로 유아가 미술을 위한 공간에서 아름다움을 발견하고 미적 안목을 기를 수 있도록 지속적으로 관심을 가지고 관리해야 한다.

2. 미술 영역의 환경 구성

1) 미술 영역의 배치

미술 영역은 유아가 자신의 흥미에 따라 자발적으로 미술활동을 선택하여 놀이할 수 있는 공간이다. 미술 영역을 구성하고자 할 때 우리는 가장 먼저 전체 공간을 고려하여 어느 위치에(위치 선정), 어느 정도의 크기로(면적 배분) 배치할 것인지를 고민하게 된다.

Frost와 Kissinger(1976)는 조용한 곳과 활동적인 곳, 건조한 곳과 물이 있는 곳을 기준으로 네 가지 구역을 나누었는데([그림 5-1] 참조), 이 중 미술 영역은 제3구역으로 조용하고 물이 있는 곳에 배치하도록 제안하였다. 일반적으로 미술 영역에서는 유아가 사물을 탐색하고, 자신의 생각과 느낌을 표현하고, 게시된 작품을 감상하는 등의 정적인 활동이 많이 이루어진다. 유아가 그림 그리기, 채색하기, 오리기, 붙이기, 만들기 등의

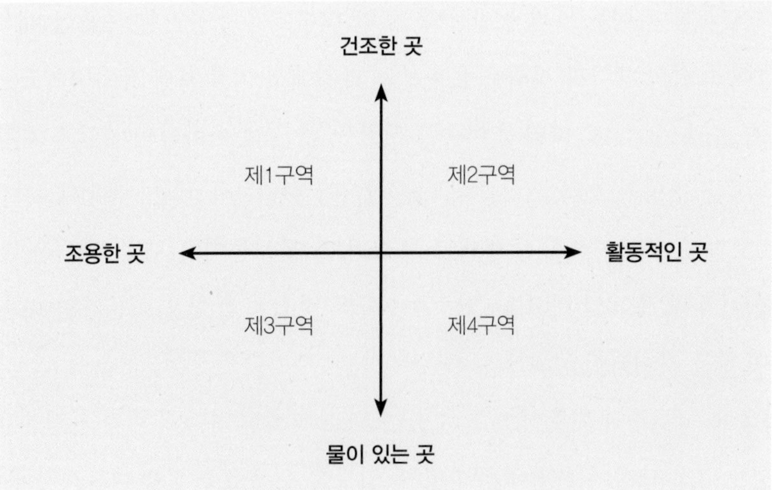

[그림 5-1] Frost와 Kissinger의 실내 환경 구성을 위한 4분면

작업활동을 할 때에 다른 유아의 소음이나 움직임으로부터 방해받지 않고 편안하게 집중할 수 있는 환경을 마련해 주기 위해서는 소리가 나는 음률 영역이나 움직임이 많은 쌓기 영역, 역할 영역 등과 거리를 두어 배치해야 할 것이다. 이동이 많은 출입구나 통로에서 떨어진 곳에 배치할 수 있다면 활동에 집중하는 데 도움이 된다. 또한 미술활동을 할 때에는 물을 사용해야 할 필요가 있어 수도가 있거나 물을 양동이에 담아 오기 편한 위치에 있어야 한다. 활동 후 손을 씻어야 하는 일들이 많고 점토나 채색도구로 인해 더러워진 곳을 물걸레로 닦아야 하는 등 물을 사용해야 하는 경우가 자주 일어난다.

시각적인 활동을 하는 미술 영역은 활동하는 데 어려움이 없도록 채광이 좋은 창가 근처가 좋으며, 여의치 않을 경우에는 인공조명을 사용하여 충분히 밝은 조도를 유지한다. 단, 인공조명 사용 시 그림자가 생기지 않도록 주의한다.

미술 영역은 다른 영역과 경계를 뚜렷이 지어 폐쇄적 공간으로 구성할 수도 있지만 다른 영역과 상호보완할 수 있도록 개방적으로 배치할 수도 있다. 주제나 상황에 따라 쌓기놀이 영역이나 역할놀이 영역 근처에 미술 영역을 배치하여 놀이가 확장되는 데 도움을 줄 수 있다.

미술 영역을 배치할 때에는 활동에 필요한 비품, 활동 방식, 평소에 이용하는 유아의 수 등을 고려하여 크기와 모양을 결정한다. 그러나 미술 영역을 너무 무리하게 확대하면 그만큼 다른 영역이 작아지게 되므로 영역 간의 관계에 유의하여야 하고, 이러한 점들을 총체적으로 고려하여 미술 영역의 위치 선정을 재확인하여야 한다(임영서, 2000).

2) 미술 영역의 공간 구성

미술 영역 안에는 자료 탐색, 작업활동, 작품 전시, 교구활동, 건조 · 보관 · 정리 등의 역할을 하는 공간들이 필요하다. 교실의 상황에 따라 각 역할을 어떻게 충족시키며 공간을 구성할지 고려해야 한다.

(1) 자료 탐색을 위한 공간

유아는 미술자료를 보고, 만지고, 냄새 맡는 등의 감각적인 탐색과정을 통해 이 자료를 가지고 무엇을 할 것인지에 대한 아이디어를 얻고 자료를 선택하여 창의적인 표현을 하게 된다. 자료 탐색은 미술활동을 위한 도구적 역할을 넘어 자신을 표현하고자 하는 동기부여의 핵심적 의미를 가진다.

이에 따라 미술 영역은 유아가 자료에 흥미를 가지고 탐색할 수 있도록 기능적이면서도 매력적인 방식으로 자료를 제공해야 한다. 유아가 자료를 찾아 꺼내기 쉽도록 기능적인 자료장([그림 5-2] 참조)을 준비하는 것은 물론이고, 심미적이고 창의적인 방법을 적용하여 다양한 시각으로 자료를 탐색할 수 있는 기회를 제공해야 한다([그림 5-3] 참조). 예컨대, OHP(overhead projector)나 라이트테이블 등을 활용하여 새로운 방식으로 자료를 살펴볼 수도 있다. 자료 탐색을 위한 공간은 특정한 공간을 따로 마련하기보다는 기존의 환경에 독창적인 아이디어를 가미하여 활용할 때 유아에게 감홍을 줄 수 있다.

[그림 5-2] **기능적인 자료장의 예시**

출처: 키드팡 홈페이지.

투명통에 담은 색깔별 크레파스

동그랗게 말아 제시한 모루

거꾸로 걸어 둔 말린 꽃

끈에 묶어 제시한 색테이프

[그림 5-3] **매력적인 자료 제시의 예시**

나의 미적 감수성 더하기

자료를 제시할 때에 빛을 활용하면 자료를 보다 자세하게 관찰할 수 있으며, 자료에 빛의 영롱함이 더해져 심미성과 특별함이 더해집니다.

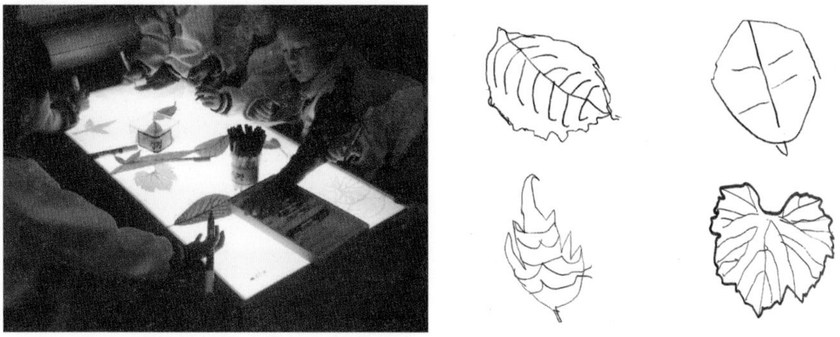

〈라이트테이블에서 나뭇잎을 탐색하는 모습과 유아가 그린 나뭇잎〉

유아교육기관에서 활용할 수 있는 빛으로는 창가로 들어오는 은은한 자연광이나 OHP, 라이트테이블, 조명 등의 인공광이 있답니다.

빛과 함께할 때 매력적으로 나타낼 수 있는 자료들에는 어떤 것들이 있을까요?

나뭇잎, 과일 등의 자연물, 유리구슬, 비즈 등의 투명한 사물, 독특한 재질을 가진 한지 등의 종이류, 입자가 작은 모래 등 빛을 활용하여 자료가 가진 특성을 보다 자세하고 매력적으로 나타낼 수 있는 자료들이 우리 주변에 무궁무진합니다.

유아교육에서뿐만 아니라 대중예술에서도 빛과 사물 간의 만남을 통해 아름다움을 선보이는 작품들이 많이 있습니다.

서적이나 인터넷 검색을 통해 빛과 사물 간의 만남을 아름답게 표현하여 자료가 가진 특별함을 뽐낸 사례를 찾아보고, 자료 탐색에 적용할 수 있는 아이디어를 생각해 보아요.

(2) 작업활동을 위한 공간

작업대는 상황에 따라 개별 또는 공동으로 작업할 수 있도록 하기 위하여 보통 작은 책상을 붙여서 사용한다([그림 5-4] 참조). 이 외에 롤 도화지가 고정되어 있는 책상이나 이젤, 자석판 등 유아 자신의 느낌과 생각을 표현할 수 있는 시설물이면 융통성 있게 활용할 수 있다([그림 5-5] 참조). 활동 과정에서 다른 유아의 움직임으로 인해 불편함이 없도록 넉넉한 작업대와 여유 공간이 있어야 한다. 재료나 도구를 둔 보관함은 작업대 근처에 두어 동선을 최소화하고, 이동할 때에는 다른 유아를 방해하지 않도록 통로를 넉넉하게 둔다.

[그림 5-4] **작은 책상을 붙여서 사용한 작업대**

출처: 키드팡 홈페이지.

롤 도화지가 고정된 테이블

투명한 유리판

이동식 재료장과 함께 있는 작업대

도형 자석으로 구성할 수 있는 철판

[그림 5-5] **다양한 작업대의 예시**

(3) 작품 전시를 위한 공간

유아교육기관에서 의미하는 작품은 유아의 미술활동 결과물과 예술가의 작품으로 나누어 생각할 수 있다.

유아가 창조해 낸 작품은 유아의 노력이 들어가 있는 표현의 결과물이며, 작품을 감상하면서 자신은 물론 또래에게 이해의 기회를 제공하고, 미적인 가치를 지니고 있으므로, 작품 전시가 꼭 필요하다. 그러나 많은 유아교육기관에서는 모든 유아의 결과물을 전시해야 한다는 부담감이나 매일 쌓이는 결과물들로 인해 벽면에 획일적인 방식으로 전시하거나 보관장 혹은 바구니에 쌓아 놓는 모습들이 나타나기도 한다. 또한 유아의 작품이 아니더라도 미술 영역의 곳곳에는 주제나 흥미에 적합한 다양한 예술가의 작품 등이 환경과 조화를 이루어 전시되어야 한다. 그러나 종이에 인쇄된 것을 벽면에 게시하여 작품에 대한 정보를 전달하기 위한 목적으로만 이루어지는 경우가 많다. 유아는 인쇄물은 물론이고 아름다운 조형물 등을 감상하며 작품이 가지고 있는 내용을 이해하고 시각적인 이미지에 반응하는 경험을 하게 되어 미술교육의 중요한 목적인 미적 감각 발달을 이룰 수 있다.

이러한 작품 전시는 공간 면적의 제한으로 인해 별도의 공간을 활용하기 어려울 수 있으므로 벽면이나 천장, 기존의 시설물 등을 적극적으로 활용하여야 한다.

작품을 전시할 때 고려해야 할 점은, 첫째, 전시는 유아를 중심으로 이루어져야 한다는 것이다. 누구보다 유아가 작품을 감상하기에 불편함이 없도록 유아의 눈높이에 맞추어야 한다. 또한 작품의 창작자가 유아라면 유아의 의도가 훼손되지 않을 수 있도록

[그림 5-6] **유아가 참여하는 전시 과정의 사례**

투명 플라스틱통에 그림 그리기를 하던 유아들은 그 결과물을 벽처럼 세워 전시할 것을 스스로 제안하고 실행하였다.

주의를 기울이고, 첨삭이나 변형이 필요하다면 유아의 동의를 구한다. 전시 과정에 유아를 적극적으로 참여하게 하는 것도 좋은 방안이 된다. 유아가 전시 공간을 자유롭게 활용하게 한다면, 표현 과정과 감상 과정에 자발적이고 능동적으로 참여하게 될 것이다([그림 5-6] 참조).

둘째, 유아가 표현해 낸 결과만을 그대로 전시하는 것도 중요하지만, 표현의 과정이 드러날 수 있게 전시하는 것도 의미가 있다. 앞서 유아의 표현 결과물에 대하여 교사가 첨삭하거나 변형하는 것을 주의해야 한다고 하였지만, 교사의 판단하에 유아의 능동적인 내면을 드러낼 필요가 있다고 여겨진다면 결과뿐만 아니라 과정까지도 전시하는 것이 유아를 이해하는 데 도움이 된다. 이러한 과정에서 교사의 적극적인 개입과 유아-교사 간 협력적 관계는 실제로 미술작품의 완성도를 높일 뿐만 아니라 교사가 미술 활동과정에서 적극적인 비계 역할을 하여 전시의 교육적 효과가 강화될 수 있다([그림 5-7] 참조).

셋째, 작품을 매력적이고 아름답게 전시해야 한다. 같은 작품도 어떤 배경을 하고 있는지에 따라서 다르게 느껴지기 때문이다. 하지만 교사의 바쁜 일과로 인해 마무리에

[그림 5-7] **유아의 미술표현 결과물과 사고과정을 함께 전시한 사례**

유아가 상상하여 표현한 건축물 그림을 전시할 때 이 건축물을 그리게 된 이유, 건축물의 특징 등을 유아가 한 말을 인용하여 기둥에 함께 전시하였다.

소홀해지기도 하고, 미적 역량에 따라 작품 전시의 질적 차이가 나타나는 어려움이 있다. 작품 전시를 할 때 작품과 배경색의 조화를 고려하고, 미적 안목을 키우기 위해 예술작품의 전시 사례나 패션 잡지 등에서 사용하는 구도를 활용하는 등 적극적이고 다양한 시도를 통해 전시 공간이 하나의 미술관이 될 수 있도록 노력해야 한다([그림 5-8] 참조).

마지막으로, 전시 공간이 창의적인 공간이 될 수 있도록 다양한 공간을 활용하고, 하나의 작품을 오래 전시하기보다는 자주 바꾸어 준다. 별도로 마련된 게시판뿐 아니라 벽면, 천장, 구조물, 파티션 등을 활용하여 재미있는 시도들이 지속적으로 일어나도록 한다.

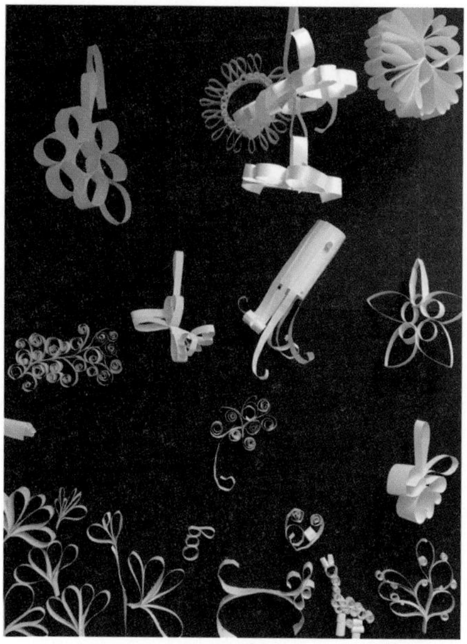

[그림 5-8] **작품을 매력적으로 전시한 사례**

흰색 A4 종이를 오리고 접어 만든 작품을 전시하기 위하여 벽에 검은색 우드록을 대고 그 위에 작품을 붙이거나 낚싯줄을 사용하여 천장에 모빌처럼 매달아 전시하였다. 작품과 배경색이 대조를 이루어 작품이 돋보이고, 바람이 불 때마다 작품이 움직이는 효과를 냈다.

나의 미적 감수성 더하기

전시회를 상상해 보아요. 넓은 공간이 선물해 준 여백이 있기에 작품이 주는 아름다움이 마음속에 다가올 수 있습니다.

하지만 우리의 교실은 협소한 공간으로 인해 별도의 전시 공간을 마련하기 어렵기도 하고, 벽면을 비롯한 모든 공간이 자료들로 빼곡하게 채워져 있어 작품에 집중할 수 있는 전시 공간을 찾기란 쉽지 않습니다.

이때, 거의 유일하게 비어 있는 공간이 있습니다. 바로 공중 공간이지요. 천장으로부터 시작하여 작품을 공중에 떠 있게 한다면 특별한 전시를 선보일 수 있습니다.

- 공중 공간을 활용한 다양한 전시를 찾아보아요.
- 교실에서 적용할 수 있는 전시 사례를 생각해 보고 옆 사람과 이야기 나누어 보세요.

(4) 교구활동을 위한 공간

미술 영역에는 미술교육의 목표를 이루기 위하여 구체화된 매체인 교구가 제공될 수 있으며, 이를 유아가 자유롭게 꺼내어 놀이할 수 있는 공간이 준비되어야 한다. 교구에는 시각적인 자료를 활용하여 점, 선, 면의 조형 요소를 이해하도록 제작된 교구나 명화를 활용한 퍼즐 등이 있는데, 일반적으로 미술 영역에서는 구체화된 활용 방법이 정해져 있는 교구보다는 자유로운 탐색을 중요시하기에 미술재료가 주를 이루어 교구가 많이 제공되지 않고 있다. 따라서 교구활동을 위한 공간이 별도로 마련되지 않는 경우가 많으므로, 교구를 준비할 때에는 눈에 잘 보이는 곳에 제시하여 유아가 흥미를 가지고 꺼내어 놀이할 수 있도록 배려한다.

(5) 건조 · 보관 · 정리를 위한 공간

물감으로 그리고 채색한 작품, 풀과 본드를 사용한 작품, 점토로 만든 입체작품 등은 분리된 건조 공간에 두어야 제대로 보존되고 다른 작품에 손상을 주지 않을 수 있다. 따라서 건조만을 위한 설비를 이용하거나 교구장의 일정 공간을 활용하고, 공간이 여의치 않을 때는 바닥 및 공중의 빈 공간을 활용할 수 있다.

미술 영역에는 많은 자료가 사용되는데, 모든 자료를 꺼내어 놓기에 공간적 제한이 있을 수 있으며, 한번에 많은 자료를 제공하는 것보다 필요한 것들을 순차적으로 하나씩 제시할 때 자료에 대한 유아의 관심과 적극적 활용능력이 높아질 수 있다. 따라서 현재 필요한 것과 그렇지 않은 것이 무엇인지 고려한 후에, 당장 사용하지 않아도 되는 것들은 자료장에서 잘 사용하지 않는 곳에 바구니 등을 활용하여 보관하거나 교사용 장이 있다면 따로 보관한다.

또한 자료를 사용한 후에는 바로 정리하는 습관이 필요하다. 오리기나 찢기 활동 후 남은 종이 조각, 콜라주 등에 사용한 작은 재료 등이 작업대나 바닥에 떨어졌을 때 유아 스스로 바로 정리할 수 있도록 빗자루와 쓰레받기 등의 정리 도구를 두는 공간이 필요하다. 물감이나 끈적거리는 자료를 사용하고 바로 닦을 수 있도록 걸레도 준비해 두면 좋다. 정리를 위한 물품은 바구니에 정리하여 자료장 한쪽에 두거나 꺼내 쓰기 쉽도록 설비의 한쪽에 걸어 둔다. 정리가 수시로 이루어져야 쾌적한 분위기에서 미술활동을 원활하게 할 수 있고, 바닥에 떨어진 조각 때문에 다칠 수 있는 위험도 사라진다. 정리를 하면 부족한 자료들이 무엇인지 알 수 있어 필요한 자료를 보충해 주기 용이하다. 또한 다양한 자료를 잘 정리하기 위해 해당 물품의 이름과 사진을 정리 위치마다 붙여 주면 도움이 된다.

나의 교수효능감 더하기

신 교사의 새 학년, 새 학기 소망 그리고 계획

새 학년은 교사에게도, 유아에게도 설렘과 기대감을 가지게 합니다. 때로는 그 마음이 낯섦과 두려움으로 나타나기도 하고요. 새 학년이 시작되는 초기, 교실 문 앞에서 들어오지 못하고 주저하는 유아들이 있습니다. 올해에는 주저하는 유아가 없기를 바라며, 교실이 그 자체로 유아에게 환영하고 있다는 메시지를 줄 수 있는 공간이기를 바랍니다.

이번 학년도 교사로서의 소망은 우리 반이 유아들에게 발걸음을 재촉할 수 있는 매력적이며, '여기에 머물고 싶다'고 느껴질 수 있도록 안락하고, 흥미로운 매체들로 채워져

'이곳에서는 항상 재미있는 것을 할 수 있어!'라는 생각으로 무엇이든 도전할 수 있는 공간이 되는 것입니다.

오랜 고민 끝에 어느 영역보다 미술 영역에 정성을 쏟아 구성하는 것이 효과적일 것이라는 결론을 내었습니다. 물감놀이, 점토놀이, 입체 만들기, 종이접기 등 유아가 좋아하는 활동을 할 수 있도록 구성해 보려고 합니다. 아름다운 소품과 재미있는 재료 등을 지원하고 전체적으로 조화로운 구도와 색감을 갖도록 할 것입니다. 유아가 미술 영역에서 활동을 할 때 불편함이 없도록 편리한 시설 및 작업대를 마련할 것입니다. 다행히 유치원의 전폭적인 지지로 시설물과 재료를 마음껏 사용할 수 있고, 배정된 교실은 채광이 좋고 면적이 매우 넓습니다.

내가 신 교사라고 생각하고, 미술 영역을 자세하게 구성해 보아요.

어떤 시설물(창문, 벽면, 세면대 등)이 필요할지, 어떤 모양과 기능을 가진 작업대를 어떻게 배치할지, 자료들은 어떤 것들이 필요할지, 벽면과 천장 등은 어떻게 구성할지, 어떤 색감이 좋을지, 그 외 다양한 사항을 고려하여 그림과 글로 자세하게 표현해 보아요.

3. 미술활동을 위한 재료

재료(material)란 넓은 뜻으로 창조 과정의 결과에 있어서 예술적인 형상을 산출해 내는 모든 소재를 의미하며, 좁은 뜻으로는 표현할 수 있는 예술의 물질적 원료를 말한다. 이전에는 표현 영역을 확고하게 구분지어 회화, 공예, 조각 등의 형식에 따라 미술재료의 종류가 정해져 있었으나, 시대적 흐름에 따라 현대의 미술에서는 미술 영역의 장르 파괴로 인해 구분이 무의미하게 되었다. 마찬가지로 미술교육에서도 양적으로나 질적으로 사용할 수 있는 미술의 재료와 그 방법이 다변화되었으며, 교사의 선택이나 일반적 교육 원리에 따라 미술재료를 결정하기보다는 학습자가 흥미와 필요에 따라 자율적으로 재료를 탐색하고 선택하여 재료에 대한 이해를 표현하는 것을 지향하고 있다(박라미, 2004).

한편, 과학기술의 발달로 인해 이전보다 사용할 수 있는 재료의 범위가 확장되어 가고 있다. 미디어나 과학기술에서 사용되는 소재들이 미술재료로 활용되고 있는데, 실제로 유아가 일상생활에서 이러한 미디어나 과학기술을 활용한 재료들을 익숙하게 접하고 있는 상황에서 유아를 위한 미술재료에 대한 인식의 개방적 전환이 필요하다.

이제는 미술활동을 위한 재료로 유아에게 적합한 것이 무엇인지에 대해 아는 것보다 개방적인 태도로 재료와 방법의 다양성과 변화를 인정해야 하며, 이를 위해 표현의 결과물보다는 과정 자체를 중요하게 여기며 유아가 재료를 인식할 수 있도록 탐색할 충분한 기회를 주어야 한다.

획일적인 방법에 근거하여 도구적 의미로만 미술재료를 정의하고자 할 때 창의적인 표현 과정을 방해할 수밖에 없다. 재료는 도구이기 전에 마음껏 탐색할 수 있는 놀잇감이 되어야 자기표현이라는 미술의 근본적인 목적을 이룰 수 있다. 만일 교사가 미술재료의 사용 방법을 일방적으로 전달하고자 한다면, 변화 없는 재료의 반복적 사용으로 인해 탐색에 대한 의욕은 줄어들게 된다.

이러한 관점에서 유아교육기관에서 미술재료를 제시할 때 고려할 점은 무엇일까? 인체에 해를 끼치지 않는 원료를 사용하며 안전한 형태여야 하고(안전성), 유아의 일반적인 발달에 적합하고(적합성), 유아에게 충분히 제공하는 데 부담이 없는 가격(경제성)이어야 할 것이다. 이러한 일반적인 고려점들은 기본적이면서도 당연한 것들이지만, 최근 미술교육의 동향을 살펴보면 미술재료에 대하여 지향하는 고려사항도 조금씩 변화하고 있다.

표준적인 발달에 맞춰 재료를 제시하기보다는 개인의 흥미와 관심, 개성을 존중하여 스스로 탐색하여 선택하게 한다. 기존에는 연령에 따라 도화지 크기나 그리기 도구의 종류를 달리 제공하였지만, 유아가 원한다면 교사의 도움 아래 누구라도 자신의 선택에 따라 사용할 수 있어야 한다는 것이다. 성인이 주로 사용하는 재료(아크릴 물감, 샤프, 염색약, 유리류, 철류, 펜치 등의 공구, 태블릿 PC 등)를 무조건 반대하기보다는, 유아가 스스로 판단하여 결정하였다면 안전하고 바람직하게 사용하도록 교사가 도울 수 있다. 또한 선택된 재료들은 일방적인 방식으로만 사용하는 것이 아닌 다각적으로 표현될 수 있는 재료일 때 더욱 가치 있으며, 탐색을 통해 유아마다 독창적인 미술표현이 가능해진다.

미술재료는 일상생활에서 흔히 볼 수 있는 재료부터 새롭게 시판되거나 다른 분야에서 개발 및 사용되는 재료까지 선택의 다양성이 넓어지고 있다. 한편, 재료에 대하여 다양한 기회를 가져야 한다는 것이 무조건적으로 많은 재료를 유아에게 주어야 함을 의미하지는 않는다. 오히려 지나치게 많은 선택의 기회가 표현을 산만해지게 하고 몰입하는 시간을 짧게 만들 수 있다. 따라서 한 가지 재료라도 충분히 탐색하여 다양한 방법으로 사용할 수 있도록 격려하는 것이 더욱 의미 있을 것이다.

다음은 유아교육기관에서 사용할 수 있는 미술재료를 안내하고자 한다. 미술재료의 가능성의 범위가 계속해서 확장되고 있는 상황에서 특정한 종류를 언급하는 것이 불필요할 수도 있다. 하지만 일선 교사들이 익숙한 재료만을 반복적으로 미술 영역에 제시하는 이유 중 하나가 다양한 미술재료에 대한 정보 습득의 어려움일 수 있으므로 전반적인 미술재료 소개를 통해 풍부한 물리적 환경을 마련하는 데 도움이 될 것이라고 본다. 또한 재료의 범주와 종류를 선정하는 기준이 모호할 수밖에 없다. 이에 최대한 국가 수준 교육과정에 근거를 두고자 하였으며, 서윤희(2017)가 3~5세 누리과정 교사용 지도서에서 유형 및 세부 재료를 분석한 내용에 기초하여 '평면 재료' '그리기 재료' '입체 재료' '도구, 접착제, 보조제' '참고자료 및 전기 · 전자 · 디지털 자료'로 유형을 나누어 세부 종류와 특징, 활용 가능성 등에 대해 안내하고자 하였다.

1) 평면 재료

주로 평면 재료 위에 그리기나 채색 활동을 하지만, 평면 재료 위에 다른 재료를 붙여 콜라주 활동을 할 수도 있다. 또한 평면 재료들을 돌돌 말기, 이어 붙이기, 세워서 고정하기 등의 과정을 통해 입체적인 결과물을 만들기도 한다. 가장 많이 사용되고 그 종류도 많아 활용 가능성 역시 무제한적이다. 평면 재료는 종이류, 비닐류, 천류, 기타 재료로 나누어 종류 및 특징, 활용 방법을 소개하고자 한다.

(1) 종이류

종이류가 사용되는 목적은 일반적으로 그리거나 채색하기 위함이다. 하지만 질감, 색깔, 두께, 무게, 광택 등에 따라 종류가 다양하기 때문에 각 종이의 특성에 따라 오리고, 접고, 찢고, 말아서 표현하는 등의 다양한 표현 방식이 가능하다. 일반적으로 A4나 색도화지, 색종이 등의 종이류가 상시 제시되고 있으나, 유아의 놀이에 따라 교사가 적합한 종류의 종이를 고려하여 제공한다면 유아의 적극적인 탐색과 창의적인 표현에 도움이 될 것이다. 예컨대, 유아가 종이로 입체작품을 만들려는 시도를 보일 때 일상적으로 사용하는 얇은 종이 외에 좀 더 두꺼운 크라프트지나 마분지, 하드보드지, 타공지 등을 제시할 수 있다.

종이류로는 도화지, A4, A3, 색지, 색도화지, 잡지, (색)전지, 색종이, (색)두꺼운 종이, 하드보드지, 마분지(두꺼운 종이), 상장용지, 금색왕관지, (색)마닐라지, 크라프트지, 머메이드지, (색)골판지, 스크래치종이, 갱지, 습자지, 창호지, 화선지, (색)한지, 타공지, 주름지, 사포지, 벽지, 트레싱지(기름종이), 휴지, 핸드타월 등이 있다. 특정한 목적을 가진 편지지, 편지봉투, 모눈종이, (그림 없는) 퍼즐판, 종이접시를 제시할 수도 있으며, 이면지, 신문지, 광고지, 포장지, 달력종이, 쇼핑봉투, 휴지심, 상자 등은 재활용하여 사용할 수 있다.

교사는 이러한 재료들을 유아가 다양한 방식으로 사용하도록 격려할 수 있다. 골판지의 경우 두꺼운 두께의 특성을 살려 액자 테두리에 사용하거나 주름의 형태를 살려 돌돌 말아 꽃과 같은 반입체작품을 만들 수 있다. 택배 상자로 사용되는 재활용 상자를 넓게 잘라 제공하면 잘 찢어지지 않는 튼튼한 캔버스가 되기도 하고, 얇게 잘라 옆면을 활용하면 독특한 지그재그 모양으로 인해 콜라주나 조형물을 만드는 재미있는 재료가 되기도 한다. 신문지는 '물'과 만나 종이죽이 될 수도 있다. 이렇듯 교사가 다양한 탐색과 시도를 격려한다면, 유아 스스로 탐색을 통해 재료의 특성을 이해하여 개성 있는 미술표현의 결과물을 창출할 수 있을 것이다.

[그림 5-9] **골판지로 만든 액자틀과 택배 상자의 옆면**

(2) 비닐류

비닐류의 특징은 빛을 통과하는 투명성을 지니고, 도화지류와 달리 잘 찢어지지 않으며, 물을 흡수하지 않는다는 점이다. 비닐류에는 연필, 색연필, 크레파스 대신 네임펜과 유성매직을 사용하여 그리고, 수성 물감이 아닌 유성이나 아크릴 물감을 사용하여 채색할 수 있다.

종류로는 TP 용지, 셀로판지, 코팅지, (색)시트지, 아세테이트지, OHP 필름, 비닐봉지, 필름지, 비닐류의 과자봉지 등이 있다.

잘 찢어지지 않아 지속적으로 사용할 수 있는 결과물을 만드는 데 유용하여 옷 만들기나 교실의 천장에 매달아 놓는 간판 만들기 등에 사용될 수 있다. 또한 미술 결과물 뿐 아니라 미술활동을 위한 보조 도구로도 사용되는데, 코팅지를 점토 받침으로 사용하거나 책상에 아세테이트지를 깔아 물감이 묻지 않도록 방지하는 역할을 하며, 유아의 결과물에 시트지를 붙여 오염이나 훼손을 막아 완성도를 높이기도 한다. 투명한 비닐류의 경우 빛을 투과하여 벽면에 비추어 전시 효과를 높이거나 배경 그림 위에 그림을 그린 OHP 필름을 얹어 재미있는 효과가 있는 작품을 만들 수 있다.

[그림 5-10] **빛이 통과되는 비닐류(셀로판지, OHP 필름 등)**

(3) 천류

천류는 평면을 활용할 수 있는 특성이 있으면서도 동시에 종이처럼 찢어지지 않는다. 힘을 가하면 잘 구겨지는데, 구겨진 후에는 잘 펴지며, 더러워진 후에는 세탁이 가능하여 다른 재료에 비해 보존력이 좋다.

유아교육기관에서 사용되는 천의 종류에는 망사포장지, 부직포, 광목천, 무늬천, 하얀 면수건, 면 티셔츠, 면주머니 등이 있다.

천류에 그리기를 할 때에는 잉크나 물감을 흡수하는 특성이 있으며, 염색 활동을 하기도 한다. 망사포장지나 부직포를 제외한 일반 천을 자를 때에는 도화지나 비닐과 달리 일반 가위나 칼로는 잘 잘리지 않으므로 천 전용 가위를 사용하여야 하는데, 매우 날카롭기 때문에 유아가 직접 사용하지 않도록 하고 미리 필요한 크기만큼 재단하여 제공하는 것이 좋다. 다른 재료와 달리 열에 강하여 뜨거운 물에 끓이거나 다리미를 활용한 염색 등에 사용이 가능하고, 바느질을 사용하여 천끼리 붙이거나 부직포의 경우 벨크로 테이프로 접착할 수 있다.

(4) 기타

평면 재료로 사용될 수 있는 기타 자료로는 스티커 등의 접착성이 있는 재료와 화이트보드, 나무판, 아크릴판 등의 단단한 판류, 우드록, 폼보드, 아이소핑크(스티로폼), 우레탄, 융판, 포맥스지, EVA 등의 부드러운 판류, 고무자석판, 동판, 아연판 등의 철류, 호일 등이 있다.

단단한 판류는 실생활에서 반영구적으로 사용할 수 있는 결과물에 많이 활용되며, 성인도 재단하기가 어렵기 때문에 필요한 크기나 두께를 고려하여 구입하여야 한다. 부드러운 판류는 칼이나 가위로 재단이 가능하며 누르거나 긁어서 자국을 낼 수 있어, 이를 활용한 독특한 작품 완성이 가능하다. 또한 얇게 잘라 액자 등의 테두리에 사용하거나 세워서 입체물을 만드는 데에도 활용할 수 있다. 철류는 부식되는 성질을 활용하여 결과물을 만들 수 있는데, 안전성의 문제가 있으므로 성인의 도움이 필요하다.

2) 그리기 재료

형태를 나타내는 그리기와 글씨 쓰기, 색칠하기, 입체 구성물 꾸미기 등에 활용되는 재료를 펜류, 물감류, 물감 외 채색류로 분류하여 설명하고자 한다.

(1) 펜류

형태를 표현하는 것을 주요 목적으로 하는 펜류는 그 두께와 점성, 유성과 무성 여부 등에 따라 사용이 가능한 평면 재료가 결정된다.

주로 사용되는 펜의 종류는 연필, 사인펜, 색연필, 유성매직, 네임펜(유성펜), 형광펜, 붓펜, 마커펜, 보드마카, 색분필, 샤프, 볼펜, 불어펜, 데코펜(반짝이펜), 푸드펜 등이 있다.

연필은 흔하게 사용되며 코팅이 되지 않는 종이에 사용되고 지우개로 지울 수 있어 유아들이 사용하기 편리하다. 사인펜은 연필과 같이 세밀한 묘사를 가능하게 하여 드로잉의 재료로 사용되는데, 수용성이라는 특징이 있어 물에 잘 번지므로 한지와 같은 얇은 종이 위에 물을 뿌려 특별한 결과물을 만들 수 있다. 또한 비닐류 평면 재료 위에 사인펜이나 마커펜을 사용하여 그리기를 하는 경우 휴지나 천 등으로 지울 수 있다. 색분필은 흑판 위뿐만 아니라 벽, 돌멩이 등의 재료 위에 표현할 수 있으며, 잘 그리고 지울 수 있어 어린 유아들이 사용하기에 적합하다. 유아가 여러 펜 종류를 충분히 탐색하게 된다면 사용하는 펜 종류와 평면 재료와의 조합을 고려하여 적극적으로 미술표현활동에 활용할 수 있을 것이다.

또한 불어펜, 데코펜과 같이 새롭게 개발되어 시판되는 재료들도 유아들이 쉽게 접할 수 있으며, 요리 활동과 연계 시 쿠키 위에 그릴 수 있는 푸드펜의 종류도 다양해지고 있다([그림 5-11] 참조).

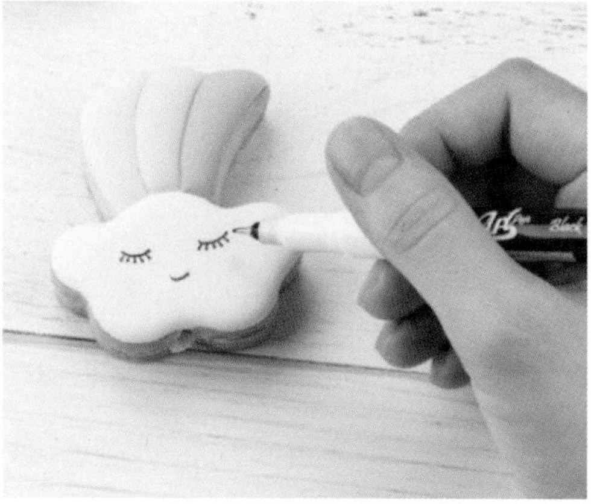

[그림 5-11] **푸드펜**

출처: 네이버 스마트스토어 페이지.

(2) 물감류

형태 안 또는 배경을 채색하여 색채의 아름다움을 표현하는 데 사용하는 재료들로, 그리기와 다양한 면을 채색하는 데 편리한 여러 종류의 물감을 소개하고자 한다. 물감은 그 성분에 따라 수성과 유성으로 나누어지고, 같은 수성 또는 유성이라고 하더라도 색감의 선명도나 건조시간, 채색의 대상이 되는 재료 등에 따라 구분된다.

앞서 나온 펜류도 색을 가지고 있지만 원래 생산될 때 가지고 있는 색 이외로는 변형이 거의 불가능한 것에 비해, 물감은 색 또는 물의 조합에 따라 무궁무진한 색과 톤을 나타낼 수 있어 색으로 자신의 느낌을 표현하는 데 탁월하다.

종류로는 수채화 물감, 아크릴 물감, 포스터 물감, 마블링 물감, 글라스데코 물감, 스테인드글라스 물감, 텍스타일 물감(섬유용 물감), 동양화 물감, 먹물 등이 있다.

물감은 다양한 색감으로 인해 유아들에게 매력적인 재료이나, 실제 유아교육기관에서는 준비 및 정리 과정이 오래 걸리고 주변 물건이나 옷 등에 물감을 묻히거나 물을 쏟는 경우가 많아 교사의 지도 아래에서만 제한적으로 사용되곤 한다. 하지만 사용할 만한 기회가 충분히 있을 때 능숙하게 사용할 수 있는 기술도 향상되므로 제재를 하기보다는 보다 안전하고 편리하게 사용할 수 있는 방법을 모색하는 것이 중요하다. 물감을 사용할 때에는 앞치마를 꼭 사용하여 옷에 물감이 묻는 것을 방지하고, 놀이 시작 전에 적당량의 물감을 팔레트에 준비하여 물감을 너무 많이 짜는 것을 예방한다. 최근에는 물통의 입구가 가운데 부분만 뚫려 있어 적당량의 물을 담으면 물통이 쓰러져도 물이 새지 않는 아이디어 제품도 있으며, 스펀지에 물을 섞은 물감을 뿌려 놓아 스펀지로 물감놀이를 할 수 있는 방법도 있다.

가장 많이 사용하는 물감은 수채화 물감이다. 다른 물감에 비해 건조하는 시간이 짧고 상시 준비되어 있는 도화지에 쉽게 채색이 되기 때문인데, 아크릴 물감이나 포스터 물감의 색감이 더 선명하기 때문에 사용 목적에 따라 적합한 재료를 제공한다.

마블링 물감은 기름으로 이루어져 물감의 색이 서로 섞이지 않으므로 독특한 표현을 할 수 있으며, 물 위에서도 물감이 분리되어 재미있는 활동이 가능하다. 단, 냄새가 심하기 때문에 교실 내에서 사용하기에 어려움이 있다. 글라스데코는 건조 후 채색한 형태 그대로 떼어 내 유리나 타일에 스티커처럼 붙일 수 있는 물감이므로 놀이로 확장할 수 있고, 스테인드글라스 물감은 창문이나 투명한 재료에 사용하면 빛에 투과되는 특성으로 인해 특별한 아름다움을 느낄 수 있다. 텍스타일 물감은 천에 그리면 염색이 되는 물감이며, 은은한 느낌이 매력적인 동양화 물감이 있다. 먹물의 경우 물의 양에 따라 먹이 가지는 농담 표현이 가능하여, 때로는 무채색의 변화만을 가지고도 유채색이 가지는 것 이상의 아름다움을 표현할 수 있다.

(3) 물감 외 채색류

물, 붓 등의 도구를 사용하여 색채의 아름다움을 표현하는 물감과 달리, 물감 외 채색류는 보다 쉽게 색감을 표현하는 데 사용되는 재료이다.

종류로는 크레파스, 크레용, 파스넷, 파스텔, 스탬프, 도트 페인트(찍는 페인트), 색소 등이 있다.

크레파스는 모든 종이에 잘 칠해지며 색이 선명하고, 크레용은 크레파스보다 매끄럽게 잘 칠해지지만 색이 선명하지 못한 면이 있다. 비슷한 재료로 파스넷이 있는데, 크레파스와 크레용보다 찌꺼기가 더 많이 생기지만 색이 선명하고 부드러워 어린 유아들이 쉽게 사용하기에 편리하다. 파스텔은 그림물감을 마른 접착제로 압착시킨 것으로 부드럽고 은은한 느낌을 내며 입자가 잘 부서져 번지는 효과를 내는 결과물을 만들 수 있다. 이 외에 스탬프와 잉크도 다양한 색이 판매되고 있어 원하는 모양을 사용하여 채색할 수 있으며, 도트 페인트는 찍어서 사용할 수 있어 손쉽게 물감 효과를 낼 수 있다. 색소는 인공색소와 천연색소로 나뉘며 종이류나 천류에 채색할 수 있는데, 유아교육기관에서는 과일이나 채소를 활용한 천연색소를 만들거나 식용색소를 넣은 얼음을 만드는 등 인체에 무해한 재료로 재미있는 색채놀이가 이루어지고 있다.

3) 입체 재료

우리가 살아가고 있는 세상은 3차원이지만 자신의 경험, 생각, 느낌을 표현함에 있어 2차원적으로 표현하는 것이 익숙한 것은 입체적인 표현활동의 경험이 부족하기 때문이다. 이후 제시될 재료들 역시 입체적인 형태를 지닌 재료이지만, 유아교육기관에서 사용될 때에는 입체물을 만드는 것보다는 평면 재료 위에 붙이거나 입체 재료의 한 면을 꾸미는 방식으로 사용되는 경우가 많다. 각 재료는 공예 재료, 자연물, 재활용품, 점토류로 구분하여 설명하고자 하며, 여기에서 제안하는 종류 외에 미술 영역에 제공할 수 있는 재료들은 관점에 따라 무엇이든 가능하다는 것을 기억해야 한다.

(1) 공예 재료

공예는 물건을 만들거나 장식을 하는 활동으로, 유아교육기관에서 주로 사용되는 공예 재료는 입체물을 만드는 것보다는 꾸미고 장식하는 기능으로 많이 활용되고 있다.

공예 재료로는 (색)빨대, (색)주름빨대, 수수깡, 백업, 막대, 천, 이쑤시개, 나무젓가락, (색)철사, 빵끈, 모루, 공예철사, 구리선, 노끈, 지끈, 목걸이줄, (색)끈, 메달끈, (색)고무줄, 리본끈, 낚싯줄, 실, 털실, 눈알, 고리, 단추, 스팽글, 구슬, 비즈, 풍선, (색)솜공, (색)솜, 스티로폼, 스티로폼공, 우드록, 폼보드, 각종 장식용 소품, 색모래, (색)종이컵, (색)접시, 투명반구, 비닐봉지, 비닐장갑, 일회용그릇, 플라스틱컵, 모형그릇, 모형바퀴, 빨래집게, 클립, 알루미늄호일, 키친타월, 파스타(마카로니), 국수 등이 있다. 이 재료들은 유아교육기관에서 많이 사용하는 재료들을 나열한 것으로, 미술용품뿐만 아니라 일상용품과 각종 자재를 포함하고 있어 제시한 재료 외에도 사용할 수 있는 재료의 범위가 무한하다.

빨대류는 원래 모양대로 길게 사용할 수도 있지만, 잘게 잘라 붙여 입체 꾸미기를 하거나 가운데 구멍을 통해 실을 꿰어 목걸이를 만드는 데 사용된다. 수수깡과 백업, 천 등도 원래 형태대로 제시할 수 있지만, 어떠한 크기나 모양으로 잘라서 제시해 주는가에 따라 유아가 사용할 수 있는 방식이 달라질 수 있다. 빵끈, 모루, 공예철사와 같은 철사류는 선으로 표현하는 데에도 사용되지만, 꼬거나 묶거나 여러 번 감아서 입체 표현을 하는 데에도 사용될 수 있다. 노끈이나 지끈으로는 얇은 선을 표현하거나 목걸이와 팔찌 등의 띠를 만들 수 있지만, 펼치면 넓은 면을 만들 수 있다. 예컨대, 한지를 꼬아 만든 노끈을 풀어서 꽃잎을 만들면 서서히 변화하는 색을 표현할 수 있다. 이 외에도 다양한 끈류는 굵기와 강도 등에 따라 다르게 사용될 수 있는데, 유아가 자신의 목적에 따라 그 특성을 잘 이해하여 사용할 수 있도록 제시 방법에 대해 고민할 필요가 있다. 굵기에 따라 분류해서 제공하거나, 넓은 면을 가진 끈은 리본으로 묶어서 제공하고, 털실은 솜공처럼 말아서 제공하는 등의 방법이 있다. 스티로폼, 우드록 등은 덩어리감이 있으면서도 가벼워서 물 위에 뜰 수 있는 입체적인 결과물을 만들 수 있다. 단추, 스팽글, 비즈 등은 모양과 색감이 다양해 유아들이 좋아하는 재료이다. 하지만 간혹 유아는 통 안에 많은 양의 재료를 담기만 해서 그 특징을 살리는 작품을 창조하지 못하는 경우가 많은데, 이럴 때는 많은 양을 제공하기보다 적은 양을 모양과 색에 따라 분류하여 제공하고 이러한 재료를 활용한 작품 사진을 함께 게시하면 아름다운 작품 창조에 도움이 된다. 이 외에 일회용 컵이나 접시, 빨래집게 등의 일상생활용품은 원래 기능대로 사용하거나 재질이나 모양의 특징을 활용하여 접시를 활용한 얼굴 꾸미기, 빨래집게를 활용한 꽃게 만들기 등의 미술활동을 전개할 수 있다. 알루미늄호일, 키친타월과 같이 평면이지만 뭉쳐서 사용해도 좋은 재료들도 있고, 파스타(마카로니)나 국수와 같은 건조된 식재료들의 경우 다양한 굵기와 모양으로 시중에 유통되어 공예 재료로 활용될 수 있다.

이와 같이 공예 재료들은 원래의 기능으로만 사용되는 것이 아니라 각 재료들이 가진 특징을 이해하고 이를 활용하여 결과물을 만들 수 있다. 이때 교사가 재료를 제시하는 방법에 따라 유아가 재료의 특징을 탐색하고 이해하는 데 중요한 영향을 미친다.

(2) 자연물

자연물은 그 자체로 다양한 빛깔과 모양을 가진 미적으로 완성도 있는 재료이다. 자연물은 자연적 재료로서 인체에 무해하며, 저마다 가지고 있는 촉감, 무게감, 소리, 심지어 향으로 인해 유아에게 매력적인 재료로서 다가간다. 자연물은 그 형태를 그대로 유지하며 미술재료로 사용되기도 하고, 자연물을 해체하여 얻어 낸 특징을 활용하여 작품을 만들기도 한다.

유아교육기관에서 사용하는 자연물의 종류로는 나뭇가지, 나뭇잎, 꽃(꽃잎), 풀(풀잎), 돌멩이, 열매(곡식), 도토리, 박 조각, 밤, 쌀, 씨앗, 은행, 잣송이, 조, 콩, 솔방울, 돌멩이, 나무껍질, 달걀껍질, 조개껍질, 포도껍질, 건조 과일, 나물, 미역, 볏짚, 수세미, 톱밥, 모래, 흙(진흙) 등이 있다.

굵기와 재질이 제각각인 나뭇가지에 다른 재료를 붙여 사용하거나 그것을 포개거나 부러뜨리고, 쌓고, 엮어서 새로운 결과물을 만들 수 있다. 나뭇잎, 꽃잎, 풀잎 등은 건조(무거운 물건으로 누르거나 건조기를 사용)한 후 코팅하여 제공하면 본래 형태를 활용한 미술활동을 할 수 있으며, 수분을 가진 상태라면 짓이겨 나온 즙을 활용해 염색활동을 할 수 있다. 곡식이나 열매는 점이나 작은 면을 가지고 있다는 특성을 활용하여 콜라주 활동에 사용하기도 하며, 각 열매가 가진 특별한 모양에 주목하여 새로운 창의적 표현 활동을 할 수 있기도 하다. 솔방울, 돌멩이, 나무껍질, 조개껍질 등은 독특한 재질의 특성을 그대로 활용하여 그 위에 그림을 그리거나 색을 입히면 그 자체로 작품이 된다. 돌멩이를 포함하여 흙, 모래와 같이 무게감 있는 자연물들은 입체작품을 만들 때 세울 수 있게 돕는 보조재료가 되며, 흙과 모래는 물과 만났을 때 점성이 생겨 형태 만들기가 가능하다. 꽃과 건조과일 등은 아름다운 색과 독특한 무늬와 함께 향을 가지고 있다. 통째로 제공할 수도 있지만 꽃잎으로 떼어 내거나 과일을 잘라 제공할 수 있으며, 향을 활용하여 감각적인 작품을 만들 수 있다([그림 5-12] 참조).

[그림 5-12] **건조된 오렌지 슬라이스**

유아가 라이트테이블에서 건조된 오렌지의 단면을 관찰하거나 냄새를 맡고 있다.
건조된 오렌지 슬라이스는 적극적인 탐색 후 작품 만들기에 활용된다.

(3) 재활용품

재활용품은 그 재료가 가지고 있는 형태감을 바탕으로 입체적인 결과물을 구성하기에 수월하여 평면 활동을 주로 하는 유아에게 입체 활동에 흥미를 가지고 참여하게 하는 재료이다. 지속적으로 사용하는 상품(우유팩, 요구르트병, 휴지심 등)의 경우 같은 형태와 크기의 재료를 거의 무료로 많이 얻을 수 있어 경제성이 좋으며, 화장품병과 같이 기하학적이고 세련된 형태로 디자인된 것들은 그 자체로 아름다운 입체물이 된다.

자주 사용되는 재활용품의 종류로는 상자, 우유팩, 요구르트병, 휴지심, 플라스틱통, 요거트통, 분유통, 페트병, 옷걸이, 일회용 숟가락, 뚜껑, 물약병, 스티로폼 그릇, 초콜

릿 케이스, 케첩통, 투명과자용기, 화장품병, 우산살, 계란판, 폐CD, 신문지 등이 있다.

기능성과 심미성을 고려하여 디자인된 제품들의 용기는 다양한 모양과 크기를 가지고 있으며, 유아는 그 형태를 살펴보며 심미감을 느끼고 균형, 대칭, 무게, 높이, 안정성 등에 대한 이해를 바탕으로 독창적인 입체 결과물을 만들어 내게 된다. 받침대로 사용하던 육면체 상자 대신 밑부분이 크고 윗부분이 작은 굴곡 있는 형태의 병을 사용하여 안정감 있으면서도 아름다운 구조물을 만들 수 있고, 우산살을 활용하여 모빌대를 만들거나 일회용 숟가락으로 사람 인형을 만드는 등 그 형태의 특징을 적극적으로 활용한 결과물을 창조할 수 있다. 플라스틱 용기나 우유팩은 물을 담을 수 있어 새로운 시도를 하기에 적합하며, 특히 우유팩은 병이나 플라스틱과 달리 자르거나 붙이기 쉬워 유아가 능동적으로 사용하기에 좋다.

재활용품을 유아에게 내어 주기 전에는 반드시 깨끗하게 세척 후 건조하여야 오염 및 악취를 방지할 수 있다. 또한 재활용품에 붙어 있는 스티커나 비닐을 떼어 주면 유아가 형태적 특징에 집중할 수 있으며, 그리기나 붙이기 등의 꾸미는 활동이 이루어질 수 있다. 재활용품을 커다란 바구니에 한데 모아 분류 없이 제공하는 것보다는 색, 모양, 재질 등을 고려하여 투명한 통에 미적 감각을 발휘하여 제공하는 것이 유아가 재활용품을 소중한 재료로 인식하는 데 도움이 된다.

(4) 점토류

점토류는 변형 가능성을 가장 많이 가지고 있는 재료로 뭉치기, 붙이기, 깎기 등의 과정을 통해 부조나 입체작품을 만들 수 있다. 점토를 가지고 놀이하는 경험이 많아질수록 뭉쳐서 만드는 방식 외에 작은 조각이나 긴 선을 만들어 쌓아 올리는 방식 등의 다양한 시도가 일어난다. 또한 점토가 가지는 무게감은 작품을 쉽게 세우고 고정할 수 있게 한다.

점토류로는 (색)점토, 고무찰흙, 천사점토, 클레이점토, 지점토, (색)밀가루반죽, 찰흙, 백자토, 청자토, 황토 등이 있다.

유아가 점토류를 사용하여 표현할 때, 특히 어린 연령에서는 입체물보다 부조물로 나타내는 경우가 많다. 이때에는 점토류로 만들어진 입체작품을 전시하거나 교사가 구체적인 방법들을 시범 보일 수 있다. 덩어리로 된 점토를 빚어서 만드는 것뿐만 아니라 누르기, 비비기, 꼬기, 늘이기, 펴기 등의 방법으로 모양을 변화시킨 후 쌓아서 입체물을 만들 수 있으며, 철사로 미리 형태를 만들거나 재활용 용기 등 입체 재료 위에 점토를 붙여서 입체작품을 만들 수 있다. 특히 철사를 활용하여 사람의 움직임을 표현하는 경우 사람의 기본 형태를 만든 후 그 세부적인 동작 표현을 조절할 수 있어 역동적인 표현이 가능하게 한다. 점토는 굳기 전까지 자체에 점성이 있어 떼어 냈다 붙였다를 자유롭게 할 수 있으며, 물을 묻히면서 수정을 할 수 있어 유아가 만족할 때까지 능동적으로 조형 과정에 참여할 수 있다.

점토는 혼합재에 따라 종류가 달라지는데, 유색 점토와 흰색 점토 중 흰색 점토에는 색물을 들일 수 있으며, 채색도 쉽다. 천사점토는 점성이 부드럽고 가벼워 유아교육기관에서 많이 사용하고 있다. 고무찰흙은 다른 점토에 비해 잘 굳지 않으며, 다른 사물에도 잘 붙는다. 밀가루 점토는 시판되는 제품으로 사용하기도 하지만, 밀가루와 물로 직접 만들 수 있어 가루와 물이 만나 변화하는 과정을 볼 수 있고 안전하여 어린 유아에게 적합하다. 찰흙, 백자토, 청자토, 황토 등은 모양을 빚은 후 불에 구우면 도자기를 만들 수 있다.

점토를 제공할 때에는 뚜껑이 있는 용기에 보관하고, 사용 후에는 꼭 뚜껑을 닫는 습관을 길러 점토가 굳는 시간을 지연시킨다.

4) 도구, 접착제, 보조제

평면활동과 입체활동을 보조해 주는 재료로, 주 재료는 아니지만 자르고 붙이고 특별한 효과를 내는 등 필수 과정에서 없어서는 안 될 중요한 재료이다. 도구, 접착제, 보조제가 있어 미술활동 과정이 효율적이 되며, 결과물의 완성도가 높아진다. 그러나 사용 및 관리 과정에서 안전을 위하여 교사의 관리가 지속적으로 요구된다.

(1) 도구

미술 영역에서 이루어지는 모든 유형의 활동에서 도구가 없다면, 시간도 오래 걸리고 원하는 형태나 색을 구현하지 못해 완성도가 낮아진다. 모양자가 있어서 바른 동그라미와 직선을 그릴 수 있고, 붓과 팔레트, 물통이 있어야 상상하는 색으로 조색하여 채색할 수 있다. 파란 색지의 한 면을 물결모양 핑킹가위를 사용하여 자르면 쉽게 바닷물의 출렁거림을 표현할 수 있으며, 실과 바늘로 천을 연결하여 실제로 입을 수 있는 옷을 만들 수 있다.

유아교육기관에서 사용하는 도구로 가위, 모양가위, 칼, 원형커터, 열선, 우드록 절단기, (모양)자, 둥근자, 줄자, 붓, 물감접시, 물통, 분무기, 물약통, 찍기도구, 백업, 롤러, 면봉, 팔레트, 요거트통, 우유팩, 일회용 접시, 스텐실 판, 칫솔, 점토도구, 점토찍기틀, 점토판, 조각칼, 모형칼, 빨대, 밀대, 그릇, 스펀지, 부직포, 벼루, 먹, 모양펀치, 모서리펀치, 절구, 절구공이, 지우개, 보드지우개, 나무스틱, 나무젓가락, 숟가락, 바늘, 실, 집게, 고무망치, 고무줄, 구슬, 리본, 마끈, 마른 헝겊, 스타킹, 니퍼, 펀치, 테두리 커터기, 송곳, 돋보기, 돗자리, 비닐, 손전등, 스크래퍼, 스탬프패드, 스테이플러, 스펀지막대, 실패, 액자틀, 옷걸이, 코팅기가 있다.

가위는 자르고 붓은 칠하고 분무기는 뿌리는 역할을 하는 것은 본연의 도구적 기능을 수행하는 것이다. 그러나 다른 용도의 재료가 도구로 사용되기도 하는데, 빨대는 입체 재료이지만 물감활동 시 빨대를 활용하여 '후~' 하고 불어 물감이 흩날리게 하거나 빨대의 구멍을 사용하여 점토에 작은 구멍을 내는 도구가 될 수도 있다. 면봉은 부드러운 붓 대신 사용할 수 있는데, 어린 유아들에게는 고정되어 있는 면봉 형태가 사용하기 더 편리하며, 특히 작은 점을 찍을 때 일정한 크기를 유지할 수 있어 유용하다. 재활용품에서 사용되는 플라스틱 용품들은 물감이나 점토 놀이 시 물통이나 받침판으로 사용하기에 좋고, 칫솔의 얇은 솔을 사용하여 채색하거나 점토의 표면에 모양을 내면 특별한 효과를 낼 수 있다.

두꺼운 재료를 사용할 경우 재단하는 데 어려움이 있는데, 이때에는 재료에 따라 전용 칼이나 전용 재단기를 사용하면 수월하다. 우드록을 곡선으로 자를 때에는 열선을 사용하고, 대량을 직선으로 자를 때에는 우드록 절단기가 있으면 깔끔하게 재단할 수 있다. 하드보드지를 자를 때에는 재단기를 사용할 수 있으며, 원 모양으로 자르고자 할 때에는 원형커터를 사용할 수 있다. 이 외에도 모양펀치를 사용하면 작고 예쁜 모양의 종이 조각들을 얻을 수 있고, 직각으로 잘려진 모서리의 경우 뾰족하여 다칠 수 있으므로 모서리펀치를 사용하여 쉽게 곡선으로 만들 수 있다. 이러한 도구들은 물리적으로 큰 힘이 필요하고 날카로운 칼날을 가지고 있기 때문에 유아의 필요를 이해하고 교사가 도움을 주어야 한다.

(2) 접착제

붙이기, 연결하기의 목적으로 사용되는 접착제에는 풀, 목공풀, 밀가루풀, 본드, 목공본드, 우드록본드, 글루건, 투명테이프, 색테이프, 양면테이프, 벨크로테이프(찍찍이), 마스킹테이프(종이테이프), 전기테이프, 종이테이프, 스프레이 접착제 등이 있다.

붙이고자 하는 재료에 적합한 접착제를 선택해야 하는데, 종이끼리 붙일 때에는 풀을 포함하여 대부분의 접착제가 사용 가능하지만, 비닐, 나무, 플라스틱 재료를 붙일 때에는 목공풀이나 본드 등을 사용해야 한다. 상자와 같이 넓은 면을 가진 재료를 연결할 때에는 테이프를 자주 사용하는데, 테이프 면이 비닐이기 때문에 그 위에 그리기 활동을 하기 어렵고 테이프의 면이 보이면 지저분할 수 있어 양면테이프를 사용하여 겉으로 테이프가 보이지 않게 사용하기도 한다. 넓은 면을 붙일 때에는 접착 스프레이를 사용하면 좋으나, 주변에 접착제가 묻을 수 있고 냄새가 심해서 야외에서 사용하는 것이 좋다. 부직포를 사용할 때에는 벨크로테이프를 활용하면 반복하여 떼었다 붙일 수 있으며, 접착제 외에도 스테이플러나 끈 등을 이용하여 재료를 연결하기도 한다.

밀가루풀은 인체에 무해하여 안전하게 사용할 수 있고, 넓은 면의 재료에 사용할 때에는 손으로 직접 촉감을 느끼며 사용할 수 있다. 글루건은 접착력이 매우 강하여 튼튼하게 고정시킬 때 유용한데, 뜨거운 열로 글루를 녹여서 사용하기 때문에 유아가 붙이고자 하는 위치를 알려 주면 교사는 유아가 없는 별도의 장소에서 사용해야 함을 유의해야 한다. 테이프류는 붙이기 용도 외에 선 그리기 표현에도 적합하며, 특히 색이 있는 테이프를 사용할 때에는 테이프의 선이 미적인 효과를 내기 때문에 어떤 방식으로 붙일지 미리 고민해 본다.

(3) 보조제

기존의 미술재료의 역할을 대체할 수 있거나 특별한 효과를 내는 보조제에는 얼음, 소금, 설탕, 밀가루, 비누, 액체비누, 핸디코트, 니스, 로션, 스프레이, 아로마오일, 매염제, 치자, 니스, 시온스티커(물감), 자석, 3D 펜, LED 등이 있다.

이러한 재료들은 미술재료가 주목적이 아니나, 성분의 특성을 활용하여 미술적 효과를 내도록 돕는다. 얼음은 물감과 함께 섞은 후 얼려서 색 얼음 그리기를 할 수 있으며, 비누는 고체 상태를 깎아 작품을 만들거나 물감과 함께 거품을 내어 거품 그림을 그릴 수 있다. 소금, 설탕, 밀가루와 같은 재료는 가루의 형태일 때는 종이에 원하는 모양을 풀로 그린 후 가루를 뿌려 그림을 그릴 수 있고, 액체와 만나 독특한 질감을 가진 재료로 변화시킨 후 표현활동을 할 수 있다. 아로마 오일의 향을 추가하여 후각적인 작품을 만들 수 있으며, 치자 등을 활용하면 염색활동을 할 수 있다. 완성된 작품에 니스를 칠하면 코팅된 효과를 낼 수 있으며, 자석을 사용하면 반복적으로 해체하고 합치는 기능을 가진 작품으로 만들 수 있다. 시중에 판매하는 시온도료가 들어 있는 스티커나 물감을 사용하면 온도에 따라 색이 변하는 특별한 기능을 가진 작품을 만들 수 있으며, 펜 안에서 필라멘트가 녹아 나온 선으로 입체물을 만드는 데 사용되는 3D 펜은 점차 가격도 저렴해지고 저온에서도 필라멘트를 녹일 수 있어 유아가 직접 사용할 수 있는 흥미로운 재료로 각광받고 있다. LED는 적은 전력으로도 밝은 빛을 내어 새로운 작품을 시

온도에 따라 색이 변하는 시온 스티커로 구성하기
– 따뜻한 컵을 놓았더니 컵을 놓은 자리만 색이 변했다.

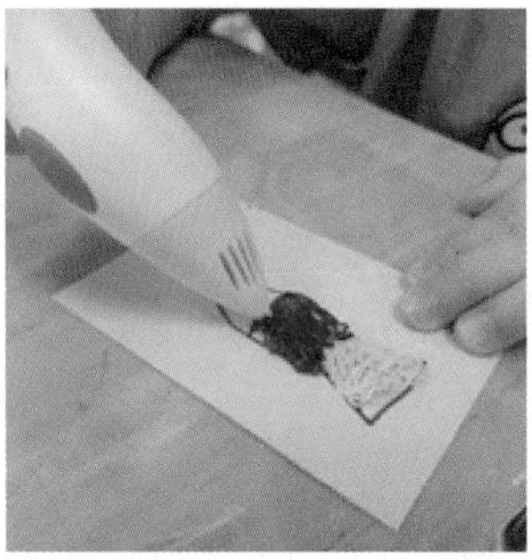

3D 펜으로 만든 물고기
– 3D 펜으로 물고기 그림 위를 채워 입체작품을 만들었다.

LED로 만든 크리스마스 트리
– 불빛이 반짝이는 트리를 만들었다.

[그림 5-13] **시온 스티커, 3D 펜, LED의 사용 사례**

도하는 데 효과적이다.

이 외에도 일상생활에서 사용하는 기능제품이나 과학기술 원리가 포함된 재료를 적극적으로 미술 영역으로 가져와 시도한다면, 아름다움에 더하여 창의적인 사고가 포함된 표현활동을 이룰 수 있을 것이다.

5) 참고자료 및 전기 · 전자 · 디지털 자료

이제까지 언급된 재료들은 실제 표현의 결과물을 제작하는 데 직접 사용되는 것들이었다. 유아의 미술활동을 돕기 위해서는 직접적으로 사용되는 것 외에 제시된 활동을 안내하거나 재료의 탐색을 돕고 작품을 만드는 과정에 도움을 주는 역할을 위한 자료들도 필요하다. 본문에서는 인쇄자료를 중심으로 한 참고자료와 최근 연구에서 많이 다루어지고 있는 전기 · 전자 · 디지털 자료로 구분하여 설명하고자 한다.

(1) 참고자료

주제활동과 관련된 사진(자료사진, 활동사진), 폴라로이드 사진, 그림(명화 그림), 관련 기사 스크랩 자료, 실물 자료, 그림책, 활동지, 도안 등은 유아가 미술표현을 하도록 동기부여하고, 때로는 만드는 방법에 대한 아이디어를 주어 새로운 시각으로 재료를 인식하고 사용하도록 돕는다.

교사는 유아의 미술표현을 돕기 위해 무엇이 필요한지 지속적으로 고민하고, 주제나 놀이 진행 과정에 맞추어 적절한 시기에 참고자료를 제공하여야 한다.

(2) 전기 · 전자 · 디지털 자료

과학기술의 발달로 전기 · 전자 · 디지털 자료가 대중화되어 유아도 일상생활에서 이러한 자료들을 익숙하게 사용하게 되었다. 또한 현대미술에서 미디어 아트의 범위가 넓어지고 있어 많은 아이디어 작품이 소개되어 있으므로 유아미술교육에서도 적극적으로 적용하기에 용이하고, 새로운 미술자료로서 미술적 가치를 지닌다고 할 수 있다.

유아교육기관에서 사용할 수 있는 전기 · 전자 · 디지털 자료에는 OHP, 라이트테이블, 카메라, 컴퓨터, 모니터, 프린터, 빔프로젝트, 스크린, 태블릿 PC, 스마트폰, 스피커, MP3 음원 등이 있다.

실물화상기인 OHP는 물체에 빛을 비추어 상을 확대하여 보여 줄 수 있으므로 유아의 작품을 투명 필름에 인쇄하여 스크린에 비추면 여러 명이 함께 감상할 수 있게 되고, 빛이 통과하지 않는 불투명한 재료의 경우 실루엣만을 보여 주게 되어 평소 인식하지 못하는 형태에 집중하도록 돕는다. 라이트테이블은 빛을 아래에서 쏘아 주어 투과시켜 사물의 속 모습을 관찰할 수 있게 한다.

카메라, 컴퓨터, 모니터, 프린터 등을 사용하면 작품의 움직임을 기록하고 감상할 수 있으며, 표현하고자 하는 대상에 대한 정보를 얻고 탐구하는 데 유용하다. 또한 유아들의 그림을 여러 장 복사하거나 디지털 이미지로 만든다면 여러 방식으로 재구성할 수 있어 다양하고 창의적인 표현을 가능하게 한다. 이 외에도 미술활동 과정에서 음원을 감상하며 작품 창조 과정에 또 다른 동기를 유발하거나 멜로디 카드 만들기와 같이 시각적인 결과물에 녹음된 음원을 결합하여 재미있는 결과물을 창안할 수 있다.

한편, 스마트폰, 태블릿 PC의 과다 사용이 유아에게 미치는 영향에 대해 부정적인 시각이 많이 있지만, 우리 생활에서 떼려야 뗄 수 없는 자료이기에 이를 교육적으로 활용하여 올바른 사용이 이루어지도록 돕는 것도 의미가 있겠다. QR 코드를 활용하면 유아의 작업 과정과 결과에 대한 기록을 부모님에게 전달하는 등의 연계 활동이 가능해진다. 또한 계속해서 발전하고 있는 애플리케이션을 적극적으로 활용하면 유아의 그림을

[그림 5-14] **크로마키 기법 애플리케이션의 사용 사례**
애플리케이션을 사용하여 유아가 만든 작품에 어울리는 밤하늘을 배경으로 합성하였다.

채색하기 전에 어떤 색이 더 어울릴지 미리 확인할 수 있거나(그림 편집 애플리케이션), 유아가 만든 작품과 그 작품에 어울리는 배경을 합성하여 움직이는 영상이나 사진을 제작할 수 있게 된다(크로마키 기법 애플리케이션; [그림 5-14] 참조).

나의 교수효능감 더하기

과학과 미술의 만남

과학기술의 발전으로 인하여 미술의 영역은 그 범위를 무한대로 확장하고 있습니다.

캔버스와 물감이라는 재료 대신 VR, 모션 인식 등의 최첨단 멀티미디어 장비나 LED, 아두이노 등의 과학 기자재를 사용한 미술작품의 예를 우리는 쉽게 만날 수 있습니다.

키네틱 아트, 인터랙티브 아트, 디지털 아트라는 다양한 이름을 가진 '과학과 미술의 만남'을 추구하는 예술 분야의 작품들을 살펴본다면, 1년 내내 비슷한 재료들로 채워져 있는 우리 교실의 미술 영역에 새로운 활기를 제공해 줄 아이디어를 찾을 수 있을 것입니다.

〈디지털 아트의 예시〉

교육 분야에서도 과학, 기술, 공학, 예술, 수학을 융합하여 교육하는 방안인 STEAM(융합인재교육)에 대한 연구가 활발하게 이루어지고 있습니다. 특히 A-STEAM은 예술활동을 중심으로 한 융합교육으로 감각적인 활동 사례가 많고 유아들이 재미있게 참여할 수 있는 재료와 활동방법들이 많이 개발되어 있으므로 참고하기를 추천합니다.

STEAM에 대한 다양한 연구 결과물을 안내하는 서적 및 사이트들이 많지만, 대표적으로 한국과학창의재단의 STEAM 연구는 수년간 지속적으로 이루어지고 있어 참고할 만한 사례가 많습니다. 초 · 중등을 대상으로 진행한 자료들이지만 유아들에게도 충분히 적용해 볼 만한 것들이 있으므로 관심이 있다면 한국과학창의재단 STEAM 교육 홈페이지(https://steam.kofac.

re.kr)에서 확인하기를 바랍니다.

또한 서울특별시교육청 유아교육진흥원에서는 '누리과정 내실화를 위한 유아 STEAM 교육 프로그램'을 개발하여 지도서 및 활동자료, 관련 교구를 보급하고, 홈페이지에 공시하고 있습니다. 유아를 대상으로 한 내용으로 쉽게 적용이 가능하기 때문에 창의적이고 풍요로운 미술 영역 환경 구성에 도움이 될 것입니다.

제6장

2019 개정 누리과정과 유아미술교육

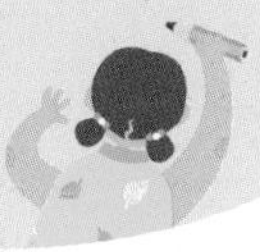

나의 학습동기 더하기

아름다운 명화를 유아와 함께 감상하고 싶어요!

초임 유아교사 A에게 한 가지 고민이 생겼어요. 한번 들어 볼까요?

그림이 정말 아름답죠? Jean François Millet의 〈이삭 줍는 사람들〉이라는 그림이에요. 제가 개인적으로 좋아하는 그림이라 우리 반 벽에 이 그림을 출력해서 붙여 놓았더니 유아 몇몇이 그림을 발견하고는 관심을 보이더라고요. 명화를 감상하는 활동을 계획하고 싶어요.

'2019 개정 누리과정'에서는 교사의 교육활동에서 다루어야 할 미술교육 내용에 대해 어떻게 설명하고 있나요?

〈이삭 줍는 사람들〉(Jean François Millet, 1857)

A의 고민 잘 들어 보았나요? 유아가 그림에 관심을 보이기 시작하는군요. 미술교육의 내용은 국가 수준의 교육과정인 '2019 개정 누리과정'의 예술경험 영역에 나타나 있습니다.

생활 속에서 아름다움을 느끼고 예술적으로 표현하는 유아를 기르기 위한 보편적이고 공통적인 교육을 운영하기 위해 교육부에서는 '2019 개정 누리과정'(교육부 고시 제2019-189호, 이하 개정 누리과정)을 발표하고 이에 따라 교육을 실시하고 있습니다. 이 장에서는 국가 수준의 교육과정이 제시한 목적 및 목표에서 미술교육과 관련된 내용을 찾아보고, 구체적인 미술교육의 내용을 살펴보기로 하겠습니다.

1. 개정 누리과정의 인간상, 목적 및 목표를 통해 살펴본 유아미술교육

개정 누리과정이 추구하는 인간상을 살펴보면 미술교육을 통해 창의적으로 사고하고 감성이 풍부한 사람을 양성해야 함을 강조하고 있다. 개정 누리과정에서는 창의적이고 감성이 풍부한 사람을 양성하기 위해 유아의 조화로운 전인 발달을 위한 기초 형성을 목적으로 하여 일상에서 아름다움을 느끼고 문화적 감수성을 기르는 미술교육을 실현해야 함을 제시하고 있다.

*** 미술교육과 관련된 개정 누리과정이 추구하는 인간상**
창의적인 사람, 감성이 풍부한 사람

*** 인간상을 추구하기 위해 제시된 개정 누리과정의 목적**
개정 누리과정의 목적은 유아가 놀이를 통해 심신의 건강과 조화로운 발달을 이루고 바른 인성과 민주 시민의 기초를 형성하는 데에 있다.

*** 미술교육을 통해 달성해야 할 개정 누리과정의 목표**
일상에서 아름다움을 느끼고 문화적 감수성을 기른다.

개정 누리과정에서는 총 다섯 개의 인간상, 즉 건강한 사람, 자주적인 사람, 창의적인 사람, 감성이 풍부한 사람, 더불어 사는 사람을 제시하고 있다. 인간상은 교육과정에서 통합적으로 경험해야 하는 것이지만 특별히 유아미술교육은 창의적인 사람, 감성이 풍부한 사람이라는 인간상과 더 관련되어 있다. 먼저, 개정 누리과정에서 설명하는 창의적인 사람은 주변 세계에 대한 호기심이 많으며 이를 자기만의 방식으로 느끼고 표현하고 탐구하는 과정에서 독창적인 생각을 하는 사람을 의미하고 있다. 다음으로, 감성이 풍부한 사람은 예술을 사랑하고 존중하며 주변에 대해 경이감과 아름다움을 느끼는 사람이며, 이를 즐길 수 있는 문화적 감수성이 풍부한 사람을 의미한다.

개정 누리과정에서 추구하는 인간상은 유아의 본성과 맞닿아 있다. 기본적으로 유아는 주변 환경과 문제에 호기심이 많으며 유아가 가진 상상력으로 이를 적극적으로 탐구하고 해결하고자 한다. 이러한 과정에서 경험하는 예술과 문화에 관심을 가지고 있으며 그 속에서 아름다움을 느낀다. 또한 자신의 느낌이나 생각을 언어, 노래와 몸짓, 그림 등 다양한 예술로 표현하는 것을 즐긴다.

따라서 유아미술교육은 유아가 일상에서 접하는 환경에 대해 자신만의 독특한 시각으로 바라보며, 호기심을 가지고 적극적으로 탐구하는 과정에서 아름다움을 느끼고, 이를 자신만의 다양한 미술로 표현하는 즐거운 경험이 되어야 할 것이다.

개정 누리과정의 목표에서 강조하고 있는 '감수성'이라는 단어에 초점을 맞추어 보

자. 감수성의 사전적 정의는 외부세계의 자극을 받아들이고 이를 느끼는 것을 의미한다. 미술교육에서의 감수성은 동일하게 살아가는 삶 속에서도 예술적 아름다움에 민감하게 반응하며 그 속에서 아름다움을 발견하고 느끼는 것이다. 예를 들어, 가을날 낙엽이 떨어지는 나무 아래를 지나면서 "아, 정말 색깔이 아름답다. 사진이라도 한 장 찍을까?"라고 표현하고 행동하는 사람은 떨어진 낙엽을 무심하게 지나쳐 가는 사람에 비해 예술적 감수성이 예민하다고 볼 수 있다. 혹은 버스를 타고 지나가다가 차창 밖으로 보이는 풍경을 보고 살며시 미소 지으며 사진을 찍는 사람은 그렇지 않은 사람보다 예술적 감수성이 예민하다고 볼 수 있다.

개정 누리과정에서는 자연과 일상 속 아름다움을 느끼는 것에서 나아가 문화적 감수성을 길러야 함을 강조하고 있다. 문화적 감수성은 다른 문화의 예술적 표현 및 예술작품을 존중하고 이를 수용하려는 태도, 신념을 기르고 이를 행동에 옮기려는 태도라고 볼 수 있다(한수진, 2013). 미래사회에서는 창의적인 사고를 바탕으로 다른 사람과 소통하며 상호 존중할 줄 아는 인간상이 요구된다. 따라서 나와 다른 사람의 문화의 다양성을 인정하고 수용하는 능력인 문화적 감수성을 기르는 것은 모두를 존중하며 함께 공동의 목표를 성취해 가도록 돕는 중요한 과업이라 할 수 있다(박지영, 조경자, 2016).

이러한 시각을 좀 더 넓은 견지에서 살펴본다면, 단순히 문화의 다름을 인식한다기보다는 '너와 나'의 다름을 인식하고 이에 민감하게 반응하여 이해의 폭을 넓혀 나가는 작업이 필요할 것이다. 즉, 예술에 대한 나의 느낌과 다른 사람의 느낌이 다를 수 있음을 알고, 예술표현에 있어 다양함을 인정하는 태도가 필요한 것이다. 이를 위해 교실 내에서 유아에게 절대적인 영향을 미치는 유아교사에게는 우선 자신이 형성하고 있는 문화적 감수성을 되돌아보고 고정관념이나 편견은 없는지 점검하는 자세가 요구된다.

나의 미적 감수성 더하기

다르지만 비슷한 예술!

그림 속에 나타난 놀이가 보이시나요? 우리가 어린 시절 즐겨 했던 공기놀이를 하고 있는 당시 아이들의 모습을 표현한 두 가지 그림이에요. 왼쪽 그림은 윤덕희라는 조선 후기 화가가 그린 〈공기놀이〉 그림이고, 오른쪽 그림은 Pieter Bruegel이라는 네덜란드 화가가 그린 〈아이들의 놀이〉에 나타난 '공기놀이' 부분이에요. 다른 나라(문화)이지만 비슷한 놀이를 하는 아이들의 그림이라는 점이 놀랍지요? 그림을 감상하고 같은 점과 다른 점을 발견해 보세요.

〈공기놀이〉(윤덕희)

〈아이들의 놀이〉 중 공기놀이 부분
(Pieter Bruegel)

2. 개정 누리과정에 나타난 유아미술교육 내용

개정 누리과정에서 유아미술교육과 관련된 내용은 '예술경험' 영역에 제시되어 있다. 예술경험 영역에서는 아름다움을 크게 세 부분으로 구분하여 일상생활, 자연, 예술 속에서 아름다움을 느끼는 것을 목표로 하고 있다. 또한 자신의 예술적 영감을 예술이라는 도구를 활용하여 창의적으로 표현하는 과정 자체를 즐기며, 이러한 과정에서 결과물로 나타난 다양한 예술표현을 존중하는 것을 목표로 하고 있다. 예술경험 영역의 목표를 정리하여 제시하면 다음과 같다.

*** 아름다움과 예술에 관심을 가지고 창의적 표현을 즐긴다.**
- 자연과 생활 및 예술에서 아름다움을 느낀다.
- 예술을 통해 창의적으로 표현하는 과정을 즐긴다.
- 다양한 예술표현을 존중한다.

예술경험 영역의 이러한 교육목표를 달성하기 위한 교육내용은 크게 아름다움 찾아보기, 창의적으로 표현하기, 예술 감상하기의 세 가지 내용범주로 구성되어 있다([그림 6-1] 참조).

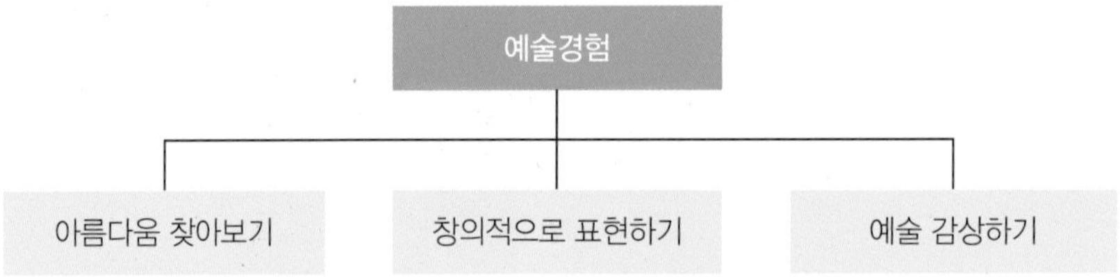

[그림 6-1] **예술경험 내용범주**

'아름다움 찾아보기' 내용범주는 자연과 생활 및 예술작품 속에서 아름다움을 느끼고 이를 즐기며 예술의 요소에 관심을 가지고 이를 찾아보는 내용으로 구성되어 있다. 태어나면서부터 유아는 자신의 주변과 환경 속의 아름다움을 경험하고 이를 통해 자신만의 시각을 형성하게 된다. 이러한 시각 형성은 추후 아름다움에 대한 선호로 발전하며, 삶을 보다 풍요롭게 인식하는 밑거름이 된다. 따라서 유아 시절에 주변의 사물, 자연물 등을 오감각, 즉 시각, 청각, 촉각, 후각, 미각을 활용하여 다채롭게 느껴 보는 과정을 통해 아름다움을 느끼는 경험을 하는 것이 중요하다. 이를 위해 교사는 교사 자신의 주변 세계의 아름다움과 자연의 경이로움을 지속적으로 발견하고자 하는 연습을 수행해야 할 것이며, 나아가 색, 점, 선, 면, 형, 질감, 공간 등의 미적 요소에 대한 이해가 선행되어야 할 것이다. 이를 통해 놀이 상황에서 유아가 유아 주변의 아름다움을 다양한 측면에서 발견하고 다른 사람과 다른 관점으로 생각해 보는 경험을 하도록 이끌어 줄 수 있을 것이다.

'창의적으로 표현하기' 내용범주 중 미술과 관련된 내용은 다양한 미술재료와 도구로 자신의 생각과 느낌을 표현하는 내용으로 구성되어 있다. 색칠도구를 겨우 손에 잡을 만한 아주 어린 시기의 영아도 자신의 생각을 벽지나 장판에 끼적이거나 손에 묻은 색을 주변에 묻히면서 즐거워한다. 이러한 모습은 어두운 동굴 속에 자신의 손자국을 남기던 인류의 선조와 크게 다르지 않다. 인간은 본능적으로 자신의 흔적을 남기고자 하는 욕구를 가지고 있으며, 이러한 욕구는 어린 시기의 유아에게는 매우 지배적이다. 예술표현은 예술가의 생각과 의도를 대중에게 전달하는 방식이라는 점에서 또 다른 의사소통의 도구로서 작용한다. 따라서 유아가 다양한 미술적 표현을 활용하여 자신의 생각과 느낌을 창의적으로 표현해 보는 경험은 중요하다. 이를 위해 미술재료, 미술표현 기법, 미술표현 도구 등에 대한 교사의 기본적인 지식 형성이 요구된다. 조개껍질, 나무껍질, 돌, 낙엽, 솔방울 등의 다양한 자연물, 단추, 구슬, 와이어, 점토, 실, 빨대 등의 다양한 일상용품, 골판지, 도화지, 편지지, 포장지 등의 다양한 지류 등은 훌륭한 미술재료가 된다. 도화지에 크레파스로 그림을 그리는 일관된 표현방식에서 벗어나 유아가 다채로운 미술재료로 자신의 생각을 표현하고 재료에 따라 다른 느낌을 줄 수 있음을 경험하도록 해야 할 것이다. 입체적인 재료와 평면적인 재료를 고루 활용하여 입체와 평면의 차이를 인식하도록 재료의 크기에 따른 공간감을 고려하여 지원해야 할 것이다. 또한 교사는 기본적인 미술표현 기법에 대해 사전에 경험한 뒤 유아가 그리기, 찢기, 판화 등 다양한 미술표현 기법을 경험할 수 있도록 지원해야 할 것이다. 더불어 붓, 색연필, 크레파스, 물감, 롤러, 스펀지 등 다양한 미술표현을 위한 도구들의 종류를 알고 유아가 원할 때 적절한 도구를 지원할 뿐 아니라 도구에 따라 다양한 표현이 나타남을 느낄 수 있도록 제공해야 할 것이다. 무엇보다 창의적으로 표현함에 있어 유아의 자발적인 참여가 우선되어야 한다. 또한 유아의 특별한 표현들을 지지해 주는 교사의 발문과 유아의 어떠한 작품 결과물이라도 소중히 다루어 주는 교사의 태도는 유아의 창의적인 표현을 더욱 격려하게 된다.

나의 교수효능감 더하기

지구상의 모든 것은 미술재료가 됩니다!

우리가 흔히 사용하는 미술재료가 아닌 특별한 재료를 활용하여 미술작품을 만드는 예술가들이 있어요.

	정크아트(junk art) 'junk'는 폐품, 잡동사니를 의미하는 단어로, 이러한 재료를 활용하여 구성한 미술작품을 정크아트라고 해요. 출처: 네이버 지식백과; 두산백과사전.
	이끼 그래피티(moss graffiti) 도시 벽체에 이끼가 생식할 수 있는 영역을 글자 또는 이미지로 조성해 구성하는 녹색예술을 일컫는 말이에요. 출처: 네이버 지식백과.

'예술 감상하기' 내용범주는 예술을 감상하는 것을 즐기고 다양한 예술표현을 존중하며 우리나라 전통예술에 관심을 가지는 내용으로 구성되어 있다. 창의적으로 표현된 나와 친구의 예술 결과물을 감상하거나 예술 작가의 작품을 감상하기, 문화와 시대에 따른 다양한 예술작품을 감상하기 등 감상의 범위는 매우 넓다. 이러한 감상의 과정에서 나와 다른 사람의 생각이 서로 같고 다름을 알고 존중하는 마음을 형성하며 예술적으로 보다 풍부한 시각을 가지고 바라볼 수 있게 된다. 이를 위해 자신의 생각을 창의적으로 표현한 유아들의 다양한 미술 결과물을 서로 소개하며 감상하는 시간을 갖는 것은 다양한 표현방식을 존중하는 데 도움이 된다. 미술 감상 시 단순하고 사실적인 작품부터 추상적인 작품까지 유아의 수준을 고려해야 하며, 감상을 위해 선정된 작품이 특정 문화권이나 특정 표현 기법에 치중되지 않도록 고려해야 할 것이다. 특히 유아들에게 생소한 전통미술을 감상하는 기회를 통해 한국 고유의 정서를 전달하고 아름다움

을 소개하여 전통예술과 친숙해지는 경험을 공유해야 할 것이다. 미술작품은 현장학습을 통해 실물로 감상할 수 있으나, 어려울 경우 화면을 통해 사진이나 영상 등의 간접적인 방법으로 감상할 수 있으며 이때 화면의 화질을 반드시 고려하도록 한다. 무엇보다 교사는 온·오프라인에서 운영되는 다양한 전시회를 통해 미술작품에 대한 식견을 넓히고 다양한 미술작품의 유형과 종류에 관심을 가져야 한다.

나의 교수효능감 더하기

재미있는 어플리케이션 소개! Google Arts & Culture

구글 아트 앤드 컬처(Google Arts & Culture)는 구글과 파트너 관계인 미술관 소유 작품을 온라인에서 고해상도로 감상할 수 있도록 하는 문화예술 프로젝트로서 스마트폰에서 누구나 쉽게 다운받아 활용할 수 있어요. 현재 약 40개국 151개 미술관이 참여하고 있으며, 3만 점 이상의 작품이 등록되어 있답니다.

특히! 이 어플리케이션의 기능 중 'Art Selfie' 기능은 내 얼굴을 촬영하면 AI가 얼굴을 분석하여 명화 중 가장 유사한 명화작품을 소개해 주는 기능이랍니다. 한번 해 볼까요? 어떤 명화가 분석되었나요?

지금까지 살펴본 내용을 표로 정리하면 〈표 6-1〉과 같다.

표 6-1 예술경험 영역 내용범주 및 내용

내용범주	내용
아름다움 찾아보기	자연과 생활에서 아름다움을 느끼고 즐긴다.
	예술적 요소에 관심을 가지고 찾아본다.
창의적으로 표현하기	다양한 미술재료와 도구로 자신의 생각과 느낌을 표현한다.
예술 감상하기	다양한 예술을 감상하며 상상하기를 즐긴다.
	서로 다른 예술표현을 존중한다.
	우리나라 전통예술에 관심을 갖고 친숙해진다.

개정 누리과정은 유아의 놀이를 관찰하여 놀이에 나타난 미술적 의미를 분석하고 놀이를 지원하기 위한 교육활동 혹은 환경 구성 등의 놀이지원계획을 수립하는 교사의 능력이 요구된다. 다음에 제시된 유아의 놀이 관찰기록을 살펴보며 개정 누리과정에 나타난 미술교육 내용을 바탕으로 해석해 보자.

유아의 경험

오전 바깥놀이 시 소망이가 꽃을 보고 "와아!" 라고 소리를 질렀다. "선생님, 꽃이 많이 폈어요." 라고 말한 뒤 벚꽃나무 아래로 가서 손이 닿는 가지 쪽으로 손을 뻗어 가지 끝에 달린 꽃을 바라본다. "분홍색…… 흰색…… 약간 별 모양 같애." 라고 말한다. 그러더니 바닥에 떨어진 꽃잎을 주워서 다시 흩날린다. "비다! 꽃잎 비다!" 라고 말하며 웃는다.

앞의 기록은 바깥놀이 시 유아의 경험을 기록한 사례이다. 앞의 기록에서 개정 누리과정에 나타난 미술교육 내용을 분석해 보자.

내용 이해

오전 바깥놀이 시 소망이가 꽃을 보고 "와아!" 라고 소리를 질렀다. "선생님, 꽃이 많이 폈어요." 라고 말한 뒤 벚꽃나무 아래로 가서 손이 닿는 가지 쪽으로 손을 뻗어 가지 끝에 달린 꽃을 바라본다. "분홍색…… 흰색…… 약간 별 모양 같애." 라고 말한다. 그러더니 바닥에 떨어진 꽃잎을 주워서 다시 흩날린다. "비다! 꽃잎 비다!" 라고 말하며 웃는다.

관찰기록에서 미술교육의 내용과 연관되는 유아의 반응을 밑줄 쳐 보면 앞의 글상자와 같다. '분홍색, 흰색'과 같은 색깔에 대한 내용, '별 모양'과 같은 모양과 관련된 내용, 흩날리는 꽃잎을 보며 '비'라고 표현하고 있는 내용이 미술과 관련되어 있다고 볼 수 있다.

그럼, 개정 누리과정에서 해당 내용을 찾아보자. 유아의 반응은 '아름다움 찾아보기' 중 '자연과 생활에서 아름다움을 느끼고 즐긴다.'와 '예술적 요소에 관심을 가지고 찾아본다.'에서 미술교육 관련 내용을 분석해 볼 수 있다.

내용범주	내용	분석
아름다움 찾아보기	자연과 생활에서 아름다움을 느끼고 즐긴다. →	소망이는 바깥놀이 활동 중 만난 벚꽃의 아름다움을 발견하였으며, 벚꽃이 흩날리는 모습을 '비'라고 표현하면서 즐기고 있다.
	예술적 요소에 관심을 가지고 찾아본다. →	소망이는 벚꽃에서 색깔, 모양과 같은 미적 요소를 발견하였다.

분석 결과, 유아는 자연의 아름다움을 자기만의 방식으로 느끼고 창의적으로 표현하기를 즐기고 있으며, 색, 모양과 같은 미적 요소를 알고 있음을 알 수 있다. 만약 유아의 이러한 놀이를 지원하고자 한다면, 어떠한 계획을 세울 수 있을까? 자신의 생각을 다음의 빈칸에 정리해 보자.

교사 발문을 통한 지원 계획

- "흰색과 분홍색이 보이는 것 같구나. 조금 자세히 보니 연한 빨간색도 보이는 것 같은 걸?"

환경 구성을 통한 지원 계획

- 떨어진 벚꽃잎을 모아서 미술 영역에 미술재료로 제공한다.
- 꽃잎이 흩날리는 모습을 표현한 명화를 게시한다.

교육활동을 통한 지원 계획

- 벚꽃이 흩날리는 모습을 리본 막대, 폼폼 등 다양한 도구를 활용하여 신체로 표현해 본다.
- 꽃잎이 흩날리는 모습과 어울리는 악기를 선택하여 연주해 본다.
- 흩날리는 꽃잎을 물감 뿌리기 기법을 활용하여 표현한다.

나의 교수효능감 더하기

유아의 미술 관련 놀이 상황에 대한 관찰기록이에요. 이 놀이에 나타난 미술교육의 내용을 개정 누리과정에 근거해서 해석해 보아요. 또한 그에 따른 놀이지원계획을 수립해 보아요.

유아의 경험

현우는 미술 영역 책상 위에 도화지를 펼쳐 놓는다. 도화지 옆에 물감을 내려놓고 초록색, 파란색, 빨간색 순서로 물감을 짜고 있다. 물감은 선으로 표현되거나 서로 겹쳐지며 점으로 표현된다. 현우는 "선생님, 지금 초록색, 파란색, 빨간색이 춤추고 있는 거예요." 라고 말하며 웃는다.

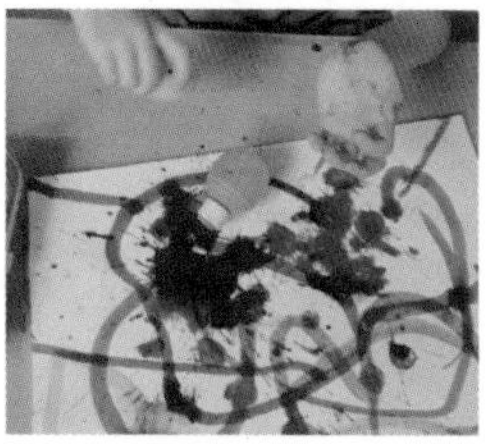

미술교육 내용이해	내용	
	내용범주	
활동지원 계획	활동명	
	교육목표	• •
	활동방법	
환경구성 지원계획		

나의 교수효능감 더하기

유아의 미술 관련 놀이 상황에 대한 관찰기록이에요. 이 놀이에 나타난 미술교육의 내용을 개정 누리과정에 근거해서 해석해 보아요. 또한 그에 따른 놀이지원계획을 수립해 보아요.

지원이와 희망이가 교실 벽에 게시된 명화를 보고 있다. 지원이가 손으로 명화 속 허리 굽힌 사람들을 가리키며 "이 사람들 지금 뭐하는 줄 알아?" 라고 희망이에게 묻는다. 희망이는 "손으로 뭘 잡고 있는데? 이렇게." 라며 허리를 굽히고 손으로 무언가를 잡는 시늉을 한다. 지나가던 하영이가 "야, 나 이 그림 알아. 우리 집에도 있어." 라고 한다. 지원이가 "그래? 이게 뭔데?" 라고 되묻는다. 하영이는 "이름은 몰라. 그냥 이 그림이 있다고." 라며 지나간다. 희망이는 그림을 보고 손가락으로 가리키며 "여기 봐봐. 하늘색이야. 나랑 똑같은 치마 입었네." 라고 한다.

미술교육 내용이해	내용	
	내용범주	
활동지원 계획	활동명	
	교육목표	• •
	활동방법	
환경구성 지원계획		

제7장

유아미술평가

나의 학습동기 더하기

미술평가의 목적은 무엇일까요?

유아의 그림을 보니 어떤 생각이 드나요? 어떠한 기준으로 미술작품을 바라보게 되나요?
유아의 미술을 평가한다는 의미는 무엇일까요? 이러한 평가는 왜 필요한 것일까요?
유아 · 놀이 중심 교육과정에서 교사의 역할은 유아의 놀이를 잘 관찰하고 놀이를 지원하는 것입니다. 이런 의미에서 전반적인 평가의 의미는 무엇인지 알아보고, 교실 안에서 평가를 어떻게 활용할 수 있을지 알아보기로 하겠습니다.

1. 유아미술평가의 의미

1) 평가의 개념 및 필요성

평가란 유아에게 적절한 교육목표가 선정되었는지, 목표 달성을 위해 교육내용과 교수 · 학습방법이 적절하게 조직되었는지, 평가 결과는 어떻게 도출되었는지를 포함하여 교육의 전 과정에 대한 효율성을 판단하고 의사결정을 내리는 필수적인 과정이다(박찬옥 외, 2011). 교사는 이러한 평가를 통해 유아에 대해 이해할 수 있고, 개별 유아의 특성에 맞추어 교수활동을 계획할 수 있다. 학부모 역시 평가의 특성을 이해하고 평가 결과를 통해 유아의 현재 수준 및 발달에 대해 이해할 수 있으며 적절한 지원을 할 수 있다.

유아미술평가란 유아의 미술활동에 전반적인 평가를 의미한다. 유아미술평가는 유아와 교사 모두에게 좋은 결과를 가져오는데, 유아미술평가의 필요성은 다음과 같다.

첫째, 유아미술평가를 통해 유아의 미술 발달 정도를 알 수 있다. 평가를 통해 유아미술에 대한 체계적인 결과를 얻을 수 있고, 이는 개별 유아에 대한 이해를 돕게 하여 미술활동을 즐겁고 적극적으로 참여할 수 있도록 지지할 수 있다.

둘째, 미술 교수활동을 적절하게 실행하고 있는지 점검할 수 있다. 유아미술평가를 통해 유아의 흥미도, 표현 방법, 적극성 등을 살펴보고 교사가 원하는 목표를 달성하였는지를 알 수 있으며, 평가를 토대로 활동을 수정할 수 있다.

셋째, 유아에 대한 이해를 통해 가정과 협력하는 데 효과적인 자료로 사용할 수 있다. 유아교육기관에서의 2학기 면담에는 그동안 작업했던 포트폴리오 등이 면담 보조

자료로 활용된다. 이는 개별 유아의 특성에 대해 이해하고 발달을 돕기 위한 좋은 자료로 사용될 수 있다.

2) 유아미술평가 시 유의점

유아에 대한 미술평가를 하기 위해서는 다음의 사항을 유의해야 한다.

첫째, 평가하고자 하는 것이 무엇인지 명확하게 정의한다. 평가의 목적이 무엇인지, 무엇을 평가할 것인지에 대해 고려해야 한다.

둘째, 다각적인 평가가 이루어져야 한다. 미술활동의 결과물 이외에 미술활동 과정, 교사의 관찰, 평면 및 입체 미술작품 등을 종합적으로 고려해야 한다.

셋째, 결과에 대한 평가와 과정에 대한 평가가 같이 이루어져야 한다. 미술활동의 결과물 평가가 아닌 과정 전반에 대한 평가가 이루어져야 한다. 따라서 평가를 통해 미술활동의 결과물의 우수성을 가리는 것이 아님을 명심해야 한다.

넷째, 유아의 발달 특성을 고려한 평가가 이루어져야 한다. 교사는 유아미술평가를 실시하는 주체이므로 유아의 발달 특성을 고려하여 객관적인 평가가 이루어지도록 한다.

2. 평가 방법

다음의 평가 방법은 관찰의 목적에 따라 다양하게 선택되어 사용될 수 있다. 평가의 목적이 유아의 미술 수준 혹은 결과물을 평가하는 것이 아니라는 점을 유의해야 하며, 유아를 관찰하고 놀이활동이 잘 일어날 수 있도록 지원해 주기 위한 방법 중 하나이다.

1) 유아 평가

유아미술에 대한 평가를 위해 포트폴리오 평가, 평가도구를 통한 평가, 일화기록법 등이 주로 사용된다.

(1) 포트폴리오 평가

포트폴리오 평가란 개별 유아의 작품을 주제별, 학기별 등의 기준으로 지속적으로 수집하여 작품집을 만드는 것을 뜻하며, 유아미술평가 시 자주 활용되는 평가 방법이다. 포트폴리오를 통해 유아의 미술 발달이 어떻게 이루어졌는지 살펴볼 수 있다. 포트폴리오를 평가자료로 사용하기 위해서는 포트폴리오에 다양한 자료가 수집되어야 한다.

포트폴리오 구성 시 첫 페이지에는 목차를 구성하는 것이 좋으며, 포함될 수 있는 자료로 유아의 미술작품에는 평면작품, 입체작품의 경우에는 사진, 미술활동 관찰기록, 유아 면담자료 등이 있다. 각각의 작품 뒷면에는 날짜와 정보 및 유아의 생각과 느낌을 기록할 수 있다.

포트폴리오 겉면 포트폴리오 내용

[그림 7-1] **포트폴리오 예시**

포트폴리오 내용에 따라 목차를 구성하면 내용을 전반적으로 파악하기에 용이하다. 또한 내용 목차에는 항목과 날짜를 기록하는 것이 바람직하다(〈표 7-1〉 참조).

표 7-1 포트폴리오 목차 예시

번호	내용	수집 날짜	형태
1	미술작품-평면	2019. 4. 1.	활동 결과물
2	학부모 면담	2019. 4. 10.	사진
3	미술작품-입체	2019. 4. 11.	사진
4	교사 관찰	2019. 4. 19.	일화기록
5	미술활동 과정	2019. 4. 22.	면담일지
추가			

(2) 평가도구를 통한 평가

유아미술활동에 대해서는 교사가 평가하고 싶은 방향에 따라 평가도구를 사용하여 확인할 수 있다. 평가도구는 목적에 따라 사용할 수 있는데, 프로그램의 교육적 효과를 확인하고 싶은 경우 주로 사용된다. 다음에서는 여러 가지 평가도구를 소개하고자 한다.

① 교사용 유아 미술성향 검사

윤현숙(2005)의 유아 미술성향 검사는 미술구성능력, 미술표현능력, 미술적 태도로 구성되어 있다. 미술구성능력은 10문항으로, 여기에는 유아의 조형력, 상상력, 독창성을 나타내는 문항이 포함되고, 미술표현능력에는 유아가 이미지 표현이나 작품설명능력을 나타내는 문항이 포함된다. 미술적 태도에는 미적 감수성과 감상 태도, 미술표현에서의 지속성과 유아의 관심 등이 포함된다(〈표 7-2〉 참조).

표 7-2 유아 미술성향 검사

1: 부족하다, 2: 부족한 편이다, 3: 잘하는 편이다, 4: 잘한다

	평가항목	1	2	3	4
1	일반 재료 및 다른 재료(예: 단추나 조개껍질 등)를 사용하여 미술작업을 하는가				
2	점토 혹은 찰흙으로 입체적 미술품을 구성하는가				
3	그리기 및 미술작품을 균형적 요소(예: 크기 등)를 고려하여 적절하게 배치하는가				
4	다양한 재료와 질감(예: 섬유, 그림)으로 콜라주를 구성하는가				

5	자신의 상상을 미술로 표현하는가				
6	미술활동 주제의 범위가 풍부한가				
7	동화와 이야기를 미술활동으로 구성할 수 있는가				
8	다양한 일을 미술재료로 재결합하여 구성하는 등 미술적으로 실험하려 시도하는가				
9	다양한 재료로 독특한 미술작품을 구성하는가				
10	다른 유아의 미술활동 과정과 비교하여 미술활동 과정이 독특한가				
11	그림에서 특정한 느낌이나 분위기를 표현하기 위해 색을 적절하게 사용하는가				
12	인식하고 있는 주변 사물(예: 집, 나무, 공)의 이미지를 부각하여 그릴 수 있는가				
13	사람을 세부적으로 묘사하는가(예: 팔, 다리 눈, 귀, 손가락)				
14	알고 있는 이야기 내용을 이미지로 표현하는가				
15	주변 사람의 독특한 이미지를 그리기로 표현할 수 있는가				
16	다양한 미술표현 기법(예: 색칠, 조각, 콜라주, 탈 등)으로 표현하는가				
17	다양한 색을 사용하여 미술작업에서 분위기나 느낌을 표현할 수 있는가				
18	다양한 도구(예: 롤러, 실, 빨대 등)를 사용하여 미술을 표현할 수 있는가				
19	다른 사람이 만든 미술작품을 타인에게 적절하게 설명할 수 있는가				
20	자신이 만든 미술작품을 타인에게 적절하게 설명할 수 있는가				
21	다양한 미술작품을 보고 느낌을 인식하거나 말로 표현할 수 있는가				
22	다른 사람의 미술작품을 보고 '멋있다' '슬프다' 등의 감성 · 정서(예: 공포, 무서움, 기쁨, 슬픔, 즐거움 등)적 표현을 구분할 수 있는가				
23	미술작품에 나타난 다양한 미술적 표현(예: 음영, 색조, 채도, 명도 등)을 이해하고, 언어나 표정 등을 통해 표현하는가				
24	자신과 또래의 작품을 비교하고 타인의 미술작품에 관심을 보이는가				
25	협력적 미술활동에서 다른 유아들과 함께 작업하는가(예: 벽화)				
26	공급된 미술재료를 소중히 다루고(예: 붓을 씻고, 물감 뚜껑을 닫는다) 또래와 나누어 쓸 수 있는가				
27	미술작업을 하는 동안 또래와 의사교환을 자유롭게 하는가				
28	선택한 미술활동을 지속적으로 참여하여 완성하기 위해 노력하는가				
29	자신의 미술활동을 계획하고, 계획한 대로 미술활동을 수행하는가				
30	자기주도적으로 미술 구성에 필요한 재료를 선택하는가				
31	미술활동에 적극적이고 즐겁게 참여하는가				

출처: 윤현숙(2005).

② 그리기 표상능력 검사

지성애(2001)의 그리기 표상능력 검사는 기본 도형과 선의 병합능력, 다양한 색채사용능력, 세부적 묘사능력, 조화로운 구성능력, 다양한 형체사용능력, 주제 관련 표상능력, 표상의 창의성 능력, 그림의 완성능력, 표상과 언어의 연계성 능력으로 구성되어 있다. 각 하위영역별 내용에 대해 살펴보면, 기본 도형과 선의 병합능력은 병합이 다양하게 변화되어 정교한지를 측정하며, 다양한 색채사용능력은 몇 가지의 색채를 사용하였는지를 측정한다. 세부적 묘사능력은 전체적으로 세밀하였는가를 측정하며, 조화로운 구성능력은 도화지 전체의 구성이 조화로운지를 등분하여 측정한다. 다양한 형체사용능력은 그림에 나타난 형체의 개수를 측정하며, 주제 관련 표상능력은 주제 연관 내용과 소재가 분명한지를 측정한다. 표상의 창의성 능력은 표현의 독창성을 측정하며, 그림의 완성능력은 전체적으로 색을 칠했는지를 측정한다. 표상과 언어의 연계성 능력은 주제를 분명히 명명하는지를 측정한다.

표 7-3 그리기 표상능력 검사

평가항목	점수	평정근거
기본 도형과 선의 병합	5	선과 기본 도형의 병합이 다양하게 변화되어 정교함
	4	선과 기본 도형의 병합이 단순하게 나타남
	3	선과 기본 도형이 병합 없이 각기 따로 나타남
	2	선과 선 사이의 연결이 나타나지만 기본 도형은 나타나지 않음
	1	단순한 선으로만 나타남
다양한 색채	5	9가지 이상의 색채 사용
	4	6~8가지 색채 사용
	3	4~5가지 색채 사용
	2	2~3가지 색채 사용
	1	1가지 색채 사용
세부적 묘사	5	전체적으로 세밀하게 묘사함
	4	전체 중 반 이상을 세부적으로 묘사함
	3	특정한 부분만 세부적으로 묘사함
	2	형체의 기본 특징만을 묘사함
	1	자세히 표현된 부분이 거의 없어 형체를 확인할 수 없음

조화로운 구성	5	전체적으로 조화를 이룸
	4	전체의 2/3 정도가 조화를 이룸
	3	부분적으로 조화를 이룸
	2	전체의 1/4 정도가 조화를 이룸
	1	전혀 조화롭지 못함
다양한 형체	5	형체가 7가지 이상 나타남
	4	형체가 5~6가지 나타남
	3	형체가 4가지 나타남
	2	형체가 3가지 나타남
	1	형체가 1~2가지 나타남
주제 관련 표상	5	주제와 연관된 내용과 소재가 분명하게 나타남
	4	주제 관련 형체들이 연관되어 있음
	3	주제 관련 형체들이 각각 독립되어 있음
	2	주제 관련 형체가 나타남
	1	주제 관련 표상이 전혀 나타나지 않음
표상의 창의성	5	주제에 대한 상상적인 표현이 뛰어남
	4	표현이 매우 독특함
	3	내용 중에 독창적인 표현이 있음
	2	형체 중 일부분을 독특하게 표현함
	1	사물 그대로를 표현하려고 함
그림의 완성	5	전체적으로 색을 칠해 그림을 거의 완성함
	4	전체 중 절반 이상을 색칠함
	3	형체의 일부분만 색칠함
	2	형체는 있으나, 색칠을 하지 않음
	1	형체를 완성하지도 못하고, 색칠도 하지 않음
표상과 언어의 연계성	5	주제에 대한 명명이 분명하고, 아이디어가 독특함
	4	주제에 대한 명명이 있음
	3	부분적 형체에 대해 명명함
	2	명명을 했지만, 주제와 관련성이 부족함
	1	표상에 대한 명명이 없음

출처: 지성애(2001).

③ 그림 감상능력 검사

장순미(2008)의 그림 감상능력 검사는 관찰 및 묘사, 작가의 표현의도, 작품의 분위기, 재료와 기법, 미술요소, 작품에 대한 태도로 구분되어 있으며, 각 항목에 대한 평정 근거는 다음과 같다. 관찰 및 묘사는 작품 속 사물 등을 설명할 수 있는지를 측정하고, 작가의 표현의도는 의도를 알고 설명할 수 있는지를 측정한다. 작품의 분위기는 작품에 대한 자신의 느낌을 구체적으로 설명하는가를 측정하고, 재료와 기법은 각 재료와 기법의 특성을 이해하고 설명할 수 있는지를 측정한다. 미술요소는 작품 내 미술요소를 발견하고 설명할 수 있는지를 측정하며, 작품에 대한 태도는 작품을 진지하게 감상하고 존중하는 태도를 취하는지를 측정한다.

표 7-4 그림 감상능력 검사

평가항목	점수	평정근거
관찰 및 묘사	5	작품에 나타나는 사물, 특징, 움직임 등을 설명한다.
	4	작품 속에 사물들을 나열하고 상황 설명이 부분적으로 들어간다.
	3	작품을 보고 사물이나 움직임 등에 대하여 부분적인 것만 이야기한다.
	2	작품에 대한 설명을 하나, 작품 속의 내용과 다르다.
	1	작품에 나타나는 것을 한두 개 말하고 더 이상의 사물을 찾지 못한다.
작가의 표현 의도	5	작가의 표현의도를 알고 주제를 설명한다.
	4	작품을 보고 작가의 입장이 되어 보고자 하고 부분적으로 설명을 한다.
	3	작품을 보고 힌트를 주면 주제의 의도를 파악한다.
	2	작가의 의도와 관계없이 자신의 생각을 말한다.
	1	작가가 무엇을 표현하고자 했는지 알지 못한다.
작품의 분위기	5	작품에 대한 자신의 느낌을 구체적이고 자세하게 설명을 한다.
	4	작품이 주는 느낌을 설명을 하나, 원안에 대한 설명은 부족하다.
	3	작품이 주는 전체적인 느낌을 단순하게 말한다.
	2	작품에서 부분적인 느낌을 말한다.
	1	작품에 대한 분위기를 알지 못한다.
재료와 기법	5	재료와 기법의 특성을 정확히 이해하고 구체적으로 설명한다.
	4	재료와 기법의 특성을 이해하나, 일부분만 정확하게 설명한다.
	3	재료와 기법의 특성을 부분적으로 알고 부분적으로 설명한다.

	2	재료와 기법의 특성을 이해하나, 설명을 하지는 못한다.
	1	재료와 기법의 특성을 알지 못하고 설명도 하지 못한다.
미술 요소	5	작품에 나타나는 미술요소를 발견하고 구체적으로 설명한다.
	4	미술요소를 전체적으로 알기는 하나, 구체적으로 말하지 못한다.
	3	미술요소에 관련된 어휘를 부분적으로 알고 적용하여 설명한다.
	2	미술요소에 관련된 어휘를 알고 있으나, 적용할 줄 모른다.
	1	미술요소에 관련된 어휘를 모른다.
작품에 대한 태도	5	작품에 대하여 진지한 태도를 가지며 아끼고 존중하는 태도를 갖는다.
	4	작품에 대하여 자세하게 관찰하며 진지한 태도를 갖는다.
	3	자신의 의견을 다른 사람과 나누며 다른 사람의 의견에도 관심을 갖는다.
	2	작품에서 자신이 관심 있는 부분에 대하여 부분적으로 관심을 갖는다.
	1	작품에 대하여 관심을 갖지 않는다.

출처: 장순미(2008).

(3) 일화기록법

유아의 미술활동 장면을 일화기록 등의 형식으로 기억하여 평가할 수 있다. 일화기록은 미술활동 중 관찰할 만한 유아의 행동을 객관적으로 기록할 때 사용될 수 있다. 다음은 일화기록의 예시이다.

유아 이름	김재용(가명)	성별	남	생년월일	2013년 9월 10일
관찰 장면	미술 영역			관찰일자	2018년 10월 20일
관찰 내용	자유선택활동 시간이 시작되자 재용이가 미술 영역으로 간다. 재활용 바구니에서 무엇인가를 찾고 있다. 교사가 "재용아, 무엇을 만들려고 하니?"라고 묻자 "비행기 만들려고요."라고 답한다. "어떤 재료가 필요한데?"라고 교사가 말하자 "비행기 날개를 만들려면 긴 상자가 필요해요. 네모난 긴 상자요."라고 대답한다. 옆에서 같이 재료를 찾던 수민이가 "여기 이거?"라고 치약상자를 들고 재용이에게 건넨다. 그러자 재용이가 "그래, 맞아."라고 답한다. "두 개가 필요한데."라고 말하며 치약상자를 한 개 더 찾았다. 그러고는 치약상자 두 개와 상자 한 개를 꺼내어 자리에 앉는다. 그리고 치약상자를 상자 옆면에 대 본다. 방향을 바꾸어 위치를 조절한다. 그러고는 "선생님, 이것 좀 잡아 주세요."라고 말하더니 테이프로 치약상자를 상자에 붙인다. 치약상자 두 개를 붙이고는 다시 재활용 바구니로 간다. 그리고 병뚜껑 여러 개를 가지고 자리에 앉는다. 상자 옆면을 병뚜껑으로 장식하기 시작한다. "이것은 무엇이니?"라고 교사가 묻자, "창문이에요. 사람들이 밖을 보고 있어요."라고 답한다.				

해석	• 비행기를 구성하기 위하여 필요한 재료의 특성에 대해 이해하고 있다. • 비행기 날개를 적당한 위치에 부착하기 위하여 다양한 방향에서 비행기 날개를 대 보며 비교해 보았다. • 작품을 구성하면서 상상력을 동원하여 작품을 구체화한다. 비행기를 만들기 위하여 여러 가지 재료를 탐색하고 이 중에 필요한 자료를 선택할 수 있다. 그리고 선택한 미술활동을 집중력을 가지고 끈기 있게 참여한다. 다양한 모양과 특성을 지닌 재료를 제공하여 유아가 자신의 생각을 다양하게 표현할 수 있도록 해야겠다.

2) 교사 자기 평가

교사는 자기 평가를 통해 교수활동을 점검하고 이를 개선해 나갈 수 있다. 교사 자기 평가는 크게 미술 환경 구성에 대한 평가와 교수활동에 대한 평가로 나누어 살펴볼 수 있다.

(1) 미술 환경 구성에 대한 평가

물리적 환경이 잘 구성되었는지 평가할 수 있다.

• 연령에 적합한 재료 및 도구가 준비되어 있는가?
• 주제와 관련된 자료가 준비되어 있는가?
• 유아의 흥미를 자극하는 좋은 감상 자료가 있는가?
• 유아의 작품을 전시하고 보관할 수 있는 공간이 마련되어 있는가?
• 미술활동을 하기에 적절한 공간이 마련되어 있는가?

(2) 교수활동에 대한 평가

교사가 계획한 미술교육 활동이 활동목표에 맞게 잘 이루어졌는지 등에 대한 평가로 수업활동의 결과를 확인할 수 있으며, 다음 미술교육 활동의 기초 자료로서 활용이 가능하다.

〈예시〉 유아미술교육 프로그램에 대한 평가내용

① 계획 단계

- 유아의 발달에 적합하게 구성되었는가?
- 활동의 목표, 내용, 방법, 시간 배분이 잘 이루어졌는가?

② 실행 단계

- 활동목표에 따라 활동이 적절하게 진행되었는가?
- 교사와 유아 간 상호작용이 잘 이루어졌는가?
- 유아의 흥미와 참여는 어떠했는가?
- 미술재료 및 도구 사용이 연령에 적절했는가?
- 창의적 표현이 이루어졌는가?

③ 평가 단계

- 활동 계획에 따라 수업이 잘 진행되었는가?
- 활동 실시 후 개선해야 할 점이 있는가?

나의 교수효능감 더하기

유아들이 교실에서 자유롭게 미술활동을 하고 있는 모습을 촬영하여 친구들과 같이 관찰해 보세요. 유아들의 활동 모습을 보고 어떠한 평가를 할 수 있을까요? 어떠한 기준으로 평가를 해 볼 수 있을지 생각해 보세요.

제 2 부

실제편

2020년 3월부터 2019 개정 누리과정이 시행됨에 따라 예술경험 영역에서도 유아·놀이 중심 교육과정이 운영되기 위한 교사들의 고민이 요구된다. 예술경험 영역에서 제시한 바와 같이 다양한 미술 재료와 도구를 이용해 자신의 생각과 느낌을 창의적으로 표현할 수 있도록 하기 위하여, 다양한 기법을 활용한 활동들을 소개하고자 한다. 실제편에 제시된 작품 사례는 예비유아교사에 의해 만들어진 것이며, 각 활동은 유아의 흥미에 기초하여 놀이의 맥락에 따라 다양하게 전개되고 확장될 수 있을 것이다.

활동 1

OHP 필름 그림

준비물

OHP 필름, 유성매직, 도화지, 면봉, 아세톤

활동순서

1. 밑그림을 구상한다.
2. OHP 필름 위에 유성매직으로 밑그림을 그린다.
3. OHP 필름을 뒤집어 유성매직으로 원하는 부분을 색칠한다.
4. 완성된 그림을 건조시킨다.

유의점

- OHP 필름 뒤에 도화지를 덧대어 그림이 잘 보이도록 한다.
- 밑그림이 번지지 않도록 앞면에는 테두리를 그리고, 뒷면에 색칠을 하도록 한다.
- 면봉에 아세톤을 적셔서 잘못된 그림을 수정할 수 있다.

확장활동

- 친구의 사진 위에 OHP 필름을 놓고 친구의 얼굴을 따라 그려 본다.
- 필름 위에 다양한 색의 물감을 짠 후 손으로 누르며 물감이 번지는 모습을 관찰한다.
- 유성매직이 아닌 아크릴 물감으로 필름 위에 그림을 그릴 수 있다.

작품사진

활동 2

크레파스 가루 녹이기

준비물

크레파스, 빵칼, 도화지, 다리미, 테이프, 사인펜

활동순서

1. 사인펜으로 원하는 형태의 밑그림을 도화지에 그린다.
2. 다른 도화지에 크레파스를 빵칼로 작게 가루로 만들어 준비한다.
3. 그림이 완성된 1의 도화지 위에 2의 크레파스 가루를 손으로 톡톡 털어 뿌린다.
4. 1의 도화지 위에 다른 도화지를 덧대어 다림질을 한다.
5. 다리미로 크레파스 가루를 충분히 녹인 후 완성된 그림을 관찰한다.

유의점

- 다리미를 사용하므로 안전사고에 유의한다.
- 빵칼의 안전한 사용법에 대해 유아들과 이야기 나눈다.
- 다리미로 다릴 때 종이가 밀리지 않도록 테이프로 간단하게 고정한다.
- 크레파스가 충분히 녹을 수 있도록 열을 가한다.

확장활동

- 종이코팅지 위에 크레파스 가루를 녹인 후, 완성된 종이코팅지를 이용해 작품을 만든다.

작품사진

활동 3

크레파스 녹여서 찍기

준비물

크레파스, 티라이트 캔들(양초), 물그릇, 라이터, 도화지, 목공풀

활동순서

1. 원하는 그림을 구상한다.
2. 물그릇 위에 티라이트 캔들을 띄우고, 라이터로 불을 붙인다.
3. 크레파스를 티라이트 캔들에 3초 동안 대어 녹인다.
4. 녹인 크레파스를 도화지에 눌러 찍는다.
5. 완성된 그림은 잘 건조한다.

유의점

- 크레파스가 건조된 뒤에 떨어질 수 있으므로, 완성된 작품은 잘 건조시킨 후 목공풀 등을 얇게 발라 고정시킨다.
- 불을 사용하므로 안전사고에 유의하고, 티라이트 캔들은 물그릇에 띄워 사용한다.
- 크레파스를 오랫동안 불에 가열하면 그을음이 생길 수 있으므로 녹이는 시간을 3초 정도로 한다.

확장활동

- 도화지에 목공풀을 발라 놓은 후, 잘게 자른 크레파스를 뿌려서 드라이기로 녹여 본다.
- 크레파스 전체를 녹여 양초 만들기 등으로 확장할 수 있다.

작품사진

실 그림

준비물

물감, 실, 팔레트, 붓, 도화지

활동순서

1. 도화지를 반으로 접은 후 펼쳐 놓는다.
2. 팔레트에 원하는 색의 물감을 덜어 놓는다.
3. 실을 원하는 색의 물감에 적신다.
4. 실의 끝부분이 도화지 밖으로 조금 나오도록 한 뒤 도화지를 반으로 접는다.
5. 도화지를 누른 채로 실을 잡고 힘껏 잡아당긴다.
6. 완성된 작품을 살펴본다.
7. 작품은 잘 건조시킨다.

유의점

- 도화지를 접은 후 실을 뺄 수 있도록 실 끝에 여유공간을 남겨 두고 물감을 묻힌다.
- 실에 물감을 충분히 적실 수 있도록 한다.

확장활동

- 실의 굵기를 다르게 하여 활동할 수 있다(털실, 십자수실 등).
- 물감만 사용하여 데칼코마니 활동을 할 수 있다.

작품사진

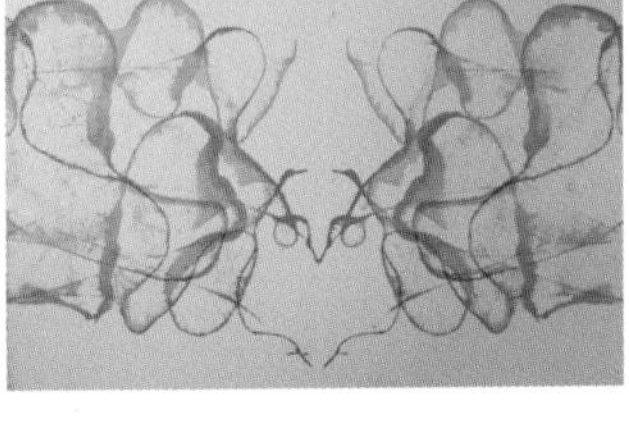

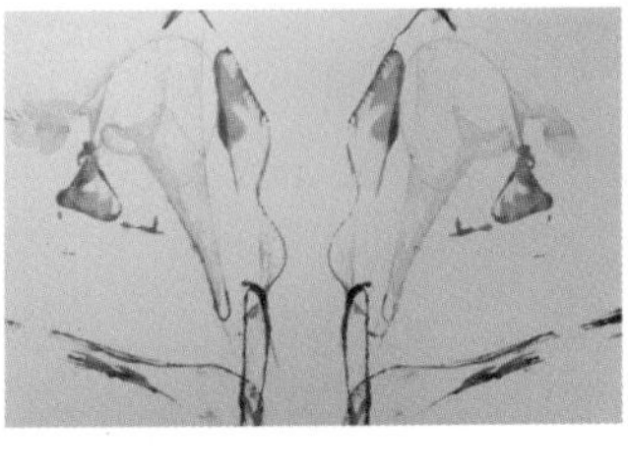

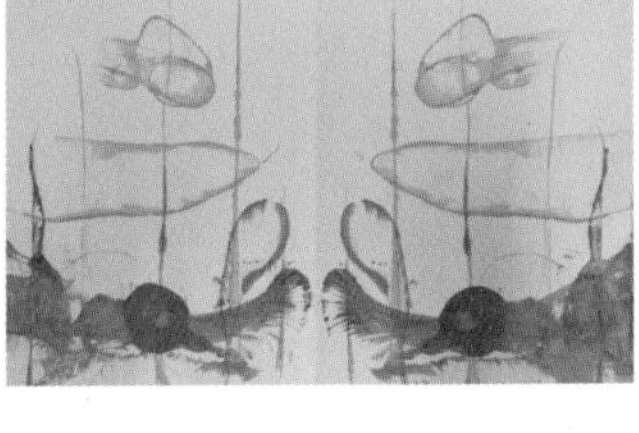

활동 5

데칼코마니

준비물

튜브형 물감, 도화지

활동순서

1. 도화지를 반으로 접은 다음 펼친다.
2. 접힌 도화지 반쪽에 원하는 색의 물감을 떨어뜨린다.
3. 도화지를 다시 반으로 접어 손으로 문지른다.
4. 도화지를 펼쳐서 나온 무늬를 감상한다.
5. 완성된 작품은 잘 건조시킨다.

유의점

- 물감을 너무 많이 사용하면 잘 건조되지 않고, 마른 후 균열이 생길 수 있다.
- 한쪽 면에만 물감을 뿌릴 수 있도록 한다.

확장활동

- 완성된 데칼코마니 작품을 보며 연상되는 그림에 대해 이야기 나눈다.
- 완성된 데칼코마니 작품을 나비 모양으로 잘라 무늬가 있는 나비를 만든다.
- 도화지가 아닌 OHP 필름으로도 데칼코마니 활동을 할 수 있다.

작품사진

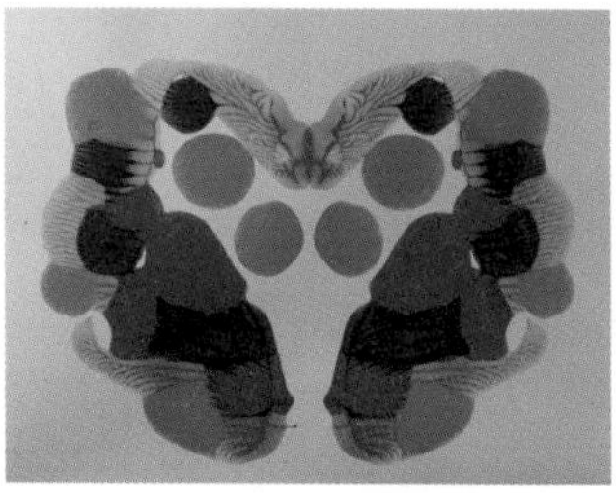
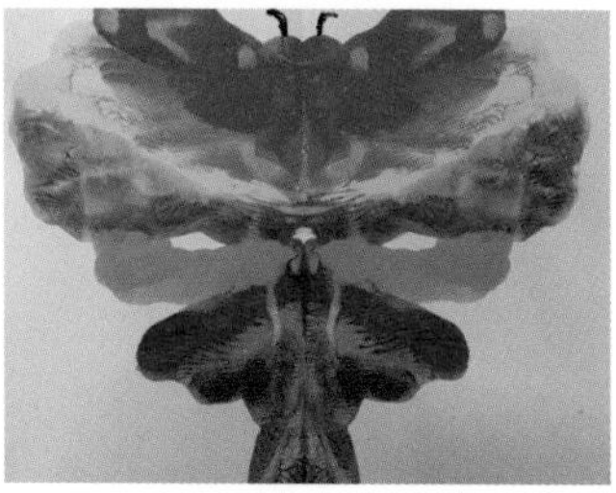
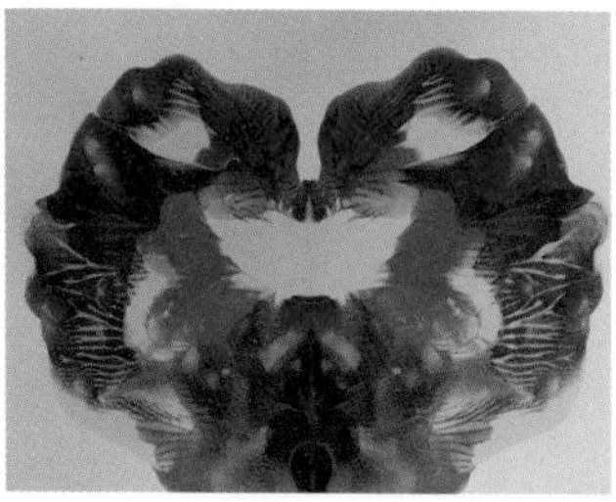

활동 6

물감 그림(불기, 뿌리기, 흘리기)

준비물

물감, 팔레트, 붓, 물통, 물, 도화지, 빨대

활동순서

〈활동준비〉 팔레트에 물감을 짠 뒤 물을 충분히 묻혀 적절한 농도를 맞춘다.

1. 불기: 도화지 위에 물감을 떨어뜨린 후 입으로 혹은 빨대를 이용해 분다.
2. 뿌리기: 도화지를 바닥에 놓고 붓을 이용해 물감을 뿌린다.
3. 흘리기: 도화지 위에 물감을 흘린 후 기울인다.

유의점

- 뿌리기를 할 경우에는 물감이 많이 튈 수 있으므로 야외 공간에서 활동한다.
- 불기의 경우에는 작은 빨대를 이용하면 세밀한 선이 나온다.

확장활동

- 뿌리기, 불기, 흘리기를 한 결과물을 이용해 연상되는 것을 꾸민다.
- 분무기 등 다른 도구를 사용해 뿌리기의 결과물을 비교한다.

작품사진

〈불기〉

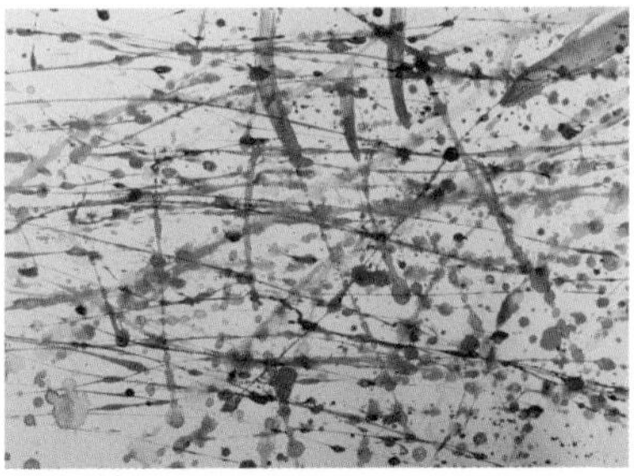
〈뿌리기〉

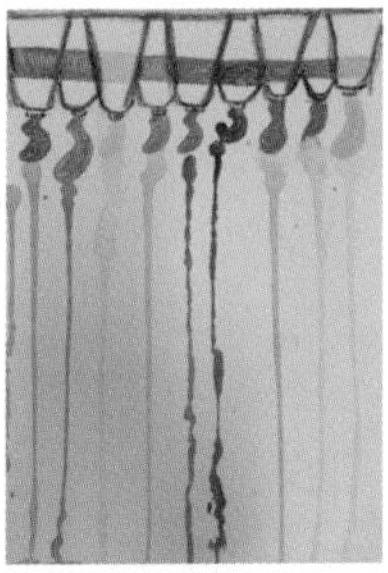
〈흘리기〉

활동 7

비누거품 그림

준비물

물감, 주방세제, 물, 플라스틱 컵, 빨대, 젓개

활동순서

1. 컵에 물을 1/4 붓고, 주방세제를 조금 넣는다.
2. 컵에 원하는 색의 물감을 짜고 젓개로 잘 섞는다.
3. 빨대를 컵에 넣고 천천히 불어서 색깔거품을 만든다.
4. 컵 위의 색깔거품에 도화지를 대어 찍는다.

유의점

- 주방세제의 양이 많을 경우에는 거품이 잘게 나와 찍어 표현하기에 어려움이 있다.
- 활동 전에 맹물에 빨대로 부는 연습을 한다.

확장활동

- 완성된 거품 그림을 감상한 후 연관되는 그림을 그린다.

작품사진

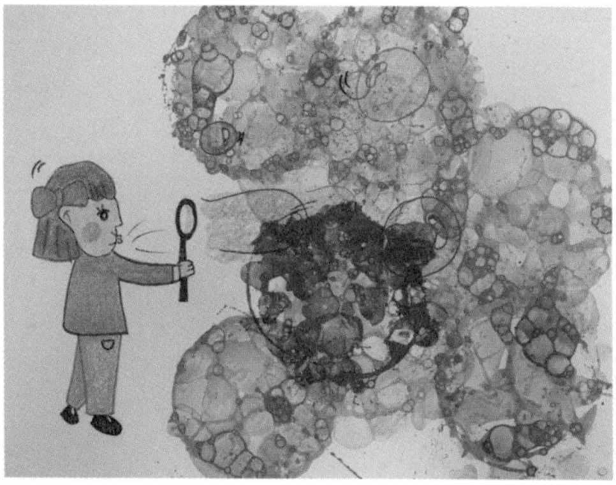

활동 8

칫솔 그림

준비물

물감, 팔레트, 칫솔, 여러 모양의 종이, 도화지, 물, 물통, 앞치마

활동순서

1. 팔레트에 여러 색의 물감을 준비한다.
2. 여러 모양의 종이를 도화지 위에 올려놓는다.
3. 칫솔에 물감을 충분히 묻힌다.
4. 칫솔을 손으로 문질러 물감을 종이 위에 뿌린다.
5. 물감을 다 뿌린 후 모양종이를 제거한다.

유의점

- 유아가 집에서 사용하던 낡은 칫솔을 이용하도록 한다.
- 물감이 튀길 수 있으니 앞치마를 입는다.
- 물감의 농도는 진할수록 색이 잘 표현된다.

확장활동

- 칫솔에 물감을 묻힌 후 붓처럼 사용하여 그림을 그릴 수 있다.
- 다양한 크기의 칫솔(아기칫솔, 성인칫솔 등)을 이용해 표현한다.

작품사진

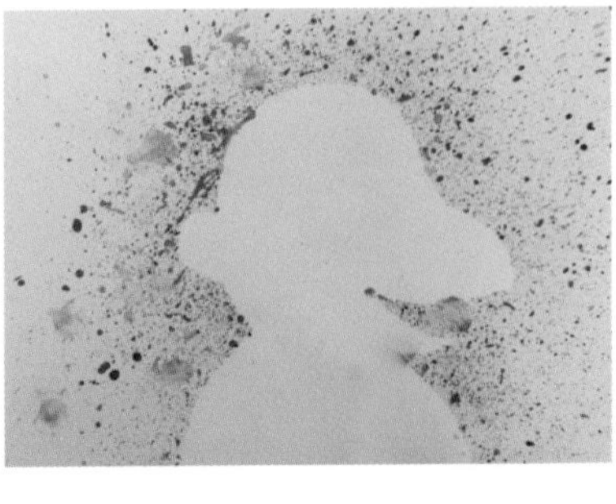

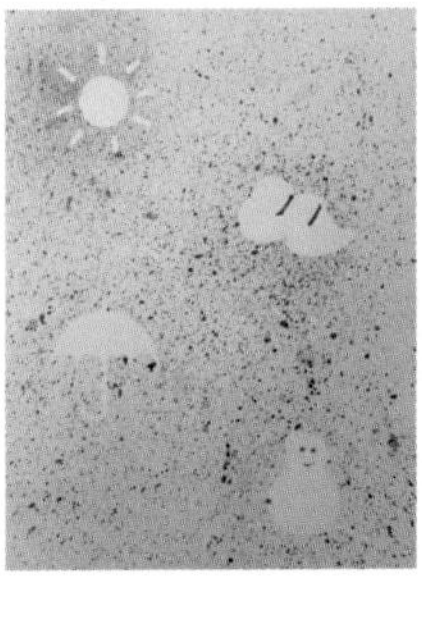

활동 9

면봉 그림

준비물

물감, 팔레트, 면봉, 도화지, 그리기 도구(사인펜, 색연필)

활동순서

1. 물감을 색상별로 팔레트에 준비한다.
2. 도화지에 그리기 도구로 밑그림을 그린다.
3. 면봉에 물감을 묻힌 후 도화지에 콕콕 찍어 그림을 완성한다.

유의점

- 같은 면봉을 계속 사용하면 면봉이 닳아 물감이 번지거나 뭉쳐서 나오므로 주의한다.
- 면봉이 부러질 수 있으므로 힘을 조절한다.

확장활동

- 면봉 여러 개를 고무줄로 묶어 표현해 본다.
- '점묘화' 명화 감상 후 작품을 꾸민다.

작품사진

활동 10

표백 그림

준비물

표백제, 면봉, 컵, 색상지, 팔토시, 앞치마

활동순서

1. 색상지를 준비한다.
2. 컵에 표백제를 소량 담는다.
3. 면봉으로 표백제를 찍어서 그림을 그린다.
4. 완성된 작품은 통풍이 잘되는 곳에서 건조시킨다.

유의점

- 표백제의 냄새가 강하기 때문에 반드시 창문을 열고 활동하거나 야외에서 활동한다.
- 팔토시, 앞치마 등을 사용하여 표백제가 옷에 묻지 않도록 한다.
- 색상지의 색이 선명할수록 탈색이 잘 드러난다.
- 나무면봉 사용 시에는 표백제가 나무 부분에 스며들 수 있으므로 손잡이 부분을 테이프로 감싸거나 다른 재질의 면봉을 사용한다.

확장활동

- 표백 그림을 자른 후 이를 확장하여 그린다.
- 검은 천 등 색깔 천에 표백 그림을 그릴 수 있다.

작품사진

활동 11

사포 그림

준비물

사포, 크레파스

활동순서

1. 사포를 적당한 크기로 잘라 준비한다.
2. 크레파스로 사포 위에 그림을 그린다.

유의점

- 사포 그림은 수정할 수 없으므로 이를 사전에 알려 준다.
- 사전에 사포의 특성을 탐색할 수 있도록 한다.
- 사포 220번이 유아들과 활동하기에 좋은 사포이다.

확장활동

- 거친 사포와 고운 사포에 그림을 그린 후 이를 비교해 본다.
- 사포 그림을 가위로 오린 후 다른 종이에 붙여 그림을 꾸며 볼 수 있다.

작품사진

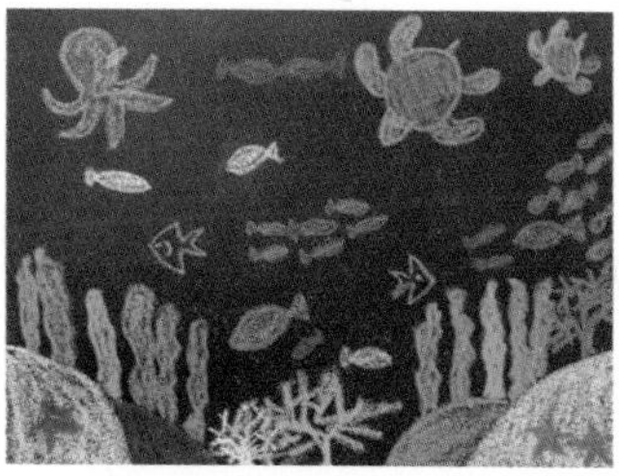

활동 12

소금 그림

준비물

물감, 팔레트, 물통, 물, 붓, 도화지, 굵은 소금, 유성매직

활동순서

1. 도화지에 유성매직으로 밑그림을 그린다.
2. 물감에 물을 섞어 농도를 묽게 만든다.
3. 원하는 곳에 채색한다.
4. 채색한 부분의 물기가 마르기 전에 굵은 소금을 뿌린다.
5. 통풍이 잘되는 곳에서 물감을 말린다.
6. 물감이 마르면 굵은 소금을 털어 준다.

유의점

- 물감의 농도가 묽어야 소금 효과가 잘 나타난다.
- 물감이 금방 마르므로 활동 중간에 소금을 뿌려 준다.

확장활동

- 소금을 파스텔로 염색하여 색깔 소금을 만들어 본다.
- 설탕 등 입자의 크기가 다른 재료와 비교하여 활동해 본다.

작품사진

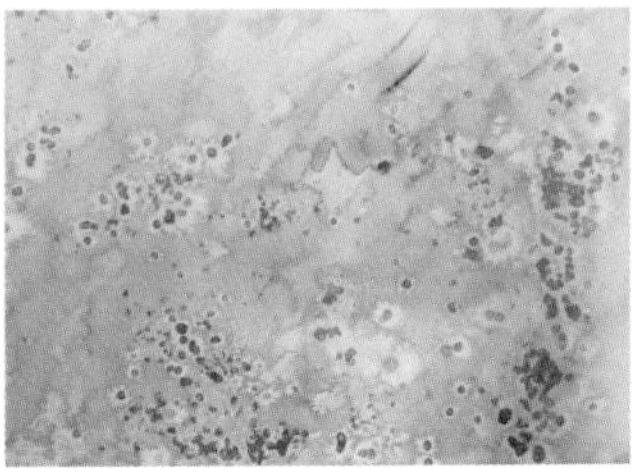

활동 13

은박지 그림

준비물

은박지, 유성매직, 도화지

활동순서

1. 은박지를 적당한 크기로 잘라 준비한다.
2. 은박지를 구겼다가 펴서 주름이 생기도록 한다.
3. 유성매직으로 은박지 위에 그림을 그린다.

유의점

- 은박지를 구겼다가 펴는 과정에서 은박지가 찢어질 수 있으므로 주의한다.
- 은박지가 찢어지기 쉬우므로 완성된 은박지 그림에는 도화지를 덧대어 보관한다.

확장활동

- 은박지에 아크릴 물감을 이용해 그림을 그릴 수 있다.
- 은박지를 뭉쳐서 공을 만든 뒤, 작은 상자 안에 도화지를 넣고 물감을 묻힌 은박지 공을 그 안에 넣고 굴려서 그림을 그린다.

작품사진

활동 14

사인펜 번지기

준비물

수성사인펜, 도화지, 분무기, 물

활동순서

1. 도화지에 수성사인펜으로 그림을 그린다.
2. 완성된 그림 위에 분무기로 물을 뿌린다.
3. 수성사인펜이 물에 의해 번지는 것을 관찰한다.

유의점

- 유성매직 등은 번지기 기법에 활용하기 어렵다.
- 분무기로 물을 뿌릴 때 양을 조절한다.

확장활동

- 물티슈를 접은 후 수성사인펜으로 점을 찍고 펼쳐서 번진 무늬를 관찰할 수 있다.

작품사진

활동 15

양초 그림

준비물

도화지, 물감, 붓, 팔레트, 물통, 물, 양초

활동순서

1. 도화지에 양초로 원하는 그림을 그린다.
2. 붓을 이용해 물감으로 양초 그림을 색칠한다.
3. 채색한 후에 나타나는 양초 그림을 관찰한다.

유의점

- 물감과 물의 비율을 1:3 정도로 준비하면 그림이 잘 나타난다.
- 양초의 심지는 잘라서 그림을 그리는 데 불편하지 않도록 한다.

확장활동

- 친구에게 비밀그림편지를 쓸 수 있다.
- 크레파스로 그림을 그린 후 채색하여도 양초 그림과 같은 효과가 나타난다.

작품사진

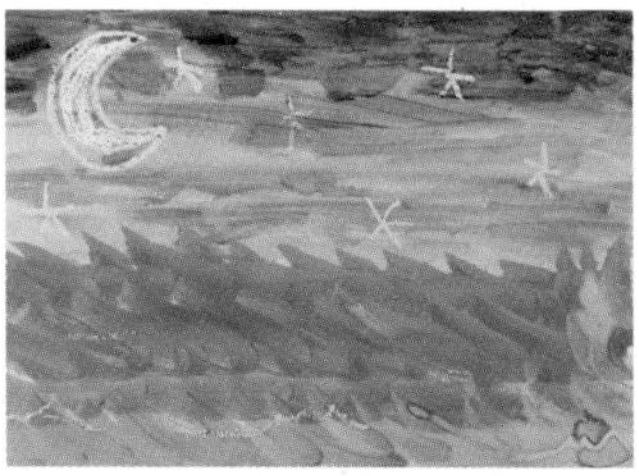

활동 16

색모래 그림

준비물

도화지, 색모래, 목공풀, 사인펜

활동순서

1. 도화지에 사인펜으로 밑그림을 그린다.
2. 꾸미고자 하는 부분에 목공풀을 바른다.
3. 그 위에 색모래를 뿌린다.
4. 도화지에서 색모래를 털어 낸다.
5. 2~4번을 반복하여 작품을 완성한다.

유의점

- 목공풀이 마르기 전에 색모래를 뿌린다.
- 그림에서 털어 낸 색모래는 다시 사용할 수 있도록 도화지에 모은다.

확장활동

- 목공풀로만 밑그림을 그린 후 색모래로 그림을 완성한다.
- 색모래 대신 톱밥 가루를 사용해 꾸밀 수 있다.

작품사진

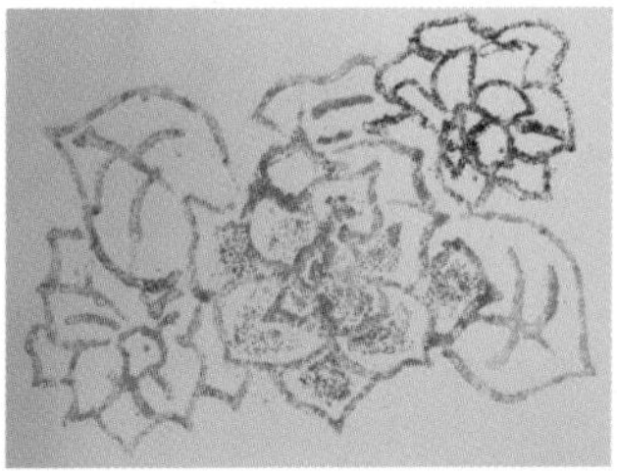

활동 17

스크래치 그림

준비물
스크래치 종이, 긁기 도구, 이쑤시개

활동순서
1. 스크래치 종이에 긁기 도구를 이용해 그림을 그린다.
2. 그림을 그린 후 원하는 부분은 넓은 면을 파낸다.

유의점
- 긁기 도구는 뾰족한 도구와 넓게 긁어 낼 수 있는 도구로 나누어 준비하는 것이 좋다.
- 이쑤시개로 그릴 경우 끝이 금방 닳으므로 여러 개를 준비해야 한다.

확장활동
- 도화지에 크레파스를 이용해 직접 스크래치 밑바탕을 준비할 수 있다.

작품사진

활동 18

손가락 찍기

준비물

인주, 도장스탬프, 도화지, 물티슈

활동순서

1. 손에 인주를 묻힌다.
2. 원하는 모양으로 손가락을 도화지에 찍는다.
3. 연상되는 그림을 그리기 도구를 이용해 꾸민다.

유의점

- 인주를 적당히 묻혀야 지문의 모양이 잘 나타난다.
- 인주 이외에 스탬프도 준비하여 다양한 색을 이용해 활동할 수 있도록 한다.

확장활동

- 물감을 이용해 손바닥 찍기, 발바닥 찍기로 확장할 수 있다.
- 다양한 무늬의 물체를 찍어 볼 수 있다.

작품사진

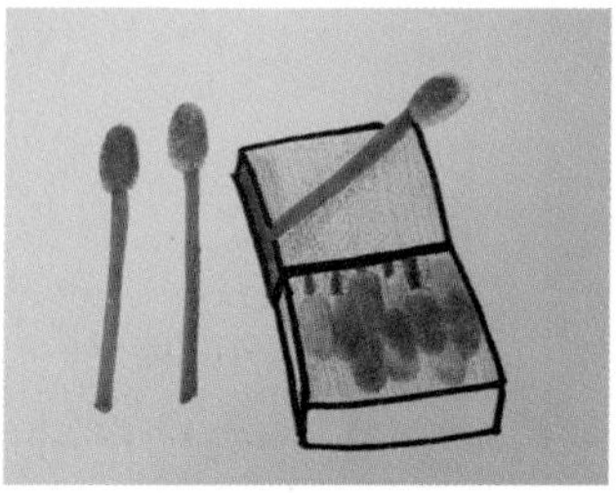

활동 19

구슬 그림

준비물

종이 상자, 도화지, 구슬, 집게, 물감, 작은 그릇, 물티슈

활동순서

1. 작은 그릇에 색깔별로 물감을 짜 놓는다.
2. 원하는 색의 물감 그릇에 구슬을 놓고 구슬을 굴린다.
3. 종이 상자 안에 도화지를 넣어 준비한다.
4. 물감이 묻은 구슬을 종이 상자 안에 넣는다.
5. 종이 상자를 좌우로 움직이면서 구슬 그림을 그린다.
6. 다른 색의 구슬을 이용해 반복하여 구슬 그림을 그린다.

유의점

- 물감에 물을 많이 섞지 않아야 그림이 잘 나타난다.
- 구슬에 물감을 충분히 묻힌다.
- 지름 3.5cm 이상의 구슬을 준비하여 안전사고(삼킴사고)에 유의한다.
- 물감 그릇에서 구슬을 집을 수 있도록 집게 등을 사용할 수 있다.

확장활동

- 완성된 그림 위에 연상되는 것을 그려 본다.
- 크기와 재질이 다른 원형 모양의 물건을 굴려 보며 비교해 본다.

작품사진

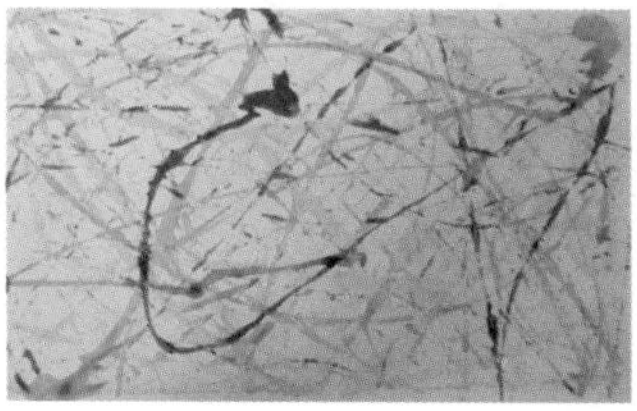
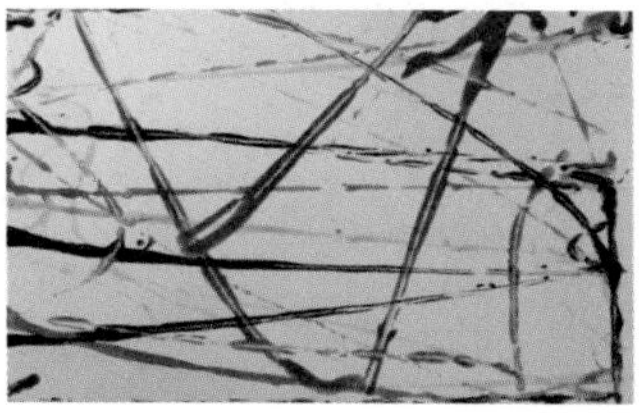
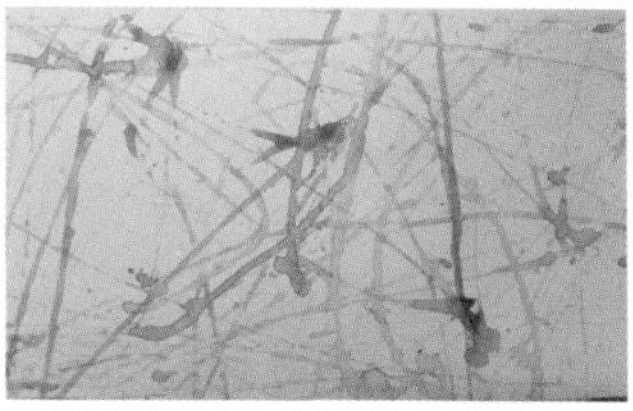

활동 20

핸디코트 미술활동

준비물

핸디코트, 접시, 아이스크림 막대, 우드록으로 만든 액자틀, 물감, 작은 재료(스팽글, 단추, 나뭇가지, 곡식 등)

활동순서

1. 접시에 핸디코트를 덜어 준비한다.
2. 핸디코트에 물감을 덜어 아이스크림 막대로 섞는다.
3. 아이스크림 막대나 손을 이용해 핸디코트를 액자틀에 바른다.
4. 핸디코트가 마르기 전 작은 재료를 이용해 꾸민다.

유의점

- 핸디코트가 옷에 묻으면 잘 지워지지 않으므로 주의한다.
- 핸디코트를 바를 때 질감이 잘 살아나도록 바른다.

확장활동

- 널판지에 핸디코트를 바르고 조약돌을 올려놓아 돌 지압기를 꾸밀 수 있다.
- 액자틀을 꾸민 후 가족사진을 넣어 가족액자 꾸미기를 할 수 있다.

작품사진

활동 21

작은 재료 콜라주

준비물

도화지, 목공풀, 핀셋, 접시, 작은 재료(곡식, 스팽글 등), 사인펜

활동순서

1. 작은 재료를 접시에 덜어 준비한다.
2. 도화지에 사인펜으로 그림을 그린다.
3. 그림 중 원하는 부분에 목공풀을 바른다.
4. 목공풀을 바른 부분에 작은 재료를 올려놓는다.

유의점

- 목공풀이 마른 후 재료가 떨어질 수 있으므로 꼼꼼히 붙인다.
- 재료가 떨어지지 않도록 완성된 작품 위에 목공풀을 한 번 더 바를 수 있다.
- 핀셋을 이용해 작은 재료의 위치를 조정할 수 있다.
- 재료를 코나 입에 넣지 않도록 안전사고에 주의한다.

확장활동

- 작은 재료를 빈 통에 담아 마라카스를 만든다.
- 빈 브로치와 작은 곡식을 이용해 가족 얼굴 브로치 만들기를 할 수 있다.

작품사진

활동 22

종이 콜라주

준비물

도화지, 잡지, 안전가위, 풀

활동순서

1. 잡지 안의 관심 있는 사물을 오린다.
2. 도화지 위에 사물을 배열하여 붙인다.
3. 완성된 작품을 감상한다.

유의점

- 생활 주제에 맞게 다양한 사진이 있는 잡지를 선택한다.
- 가위질을 능숙하게 할 수 있는 연령의 유아에게 적합하다.

확장활동

- 사물의 반만을 잘라 붙인 후 나머지는 사인펜으로 그려 완성할 수 있다.
- 사진 부분을 잘라서 이어 그리기를 할 수 있다.

작품사진

활동 23

종이 오려 붙이기

준비물

색종이, 학종이, 가위, 풀, 도화지

활동순서

1. 색종이를 삼각접기나 사각접기를 하여 여러 번 접는다.
2. 접은 색종이를 가위를 이용해 부분적으로 오린다.
3. 자른 후 색종이를 펼쳐 모양을 관찰한다.
4. 더 자르고 싶은 부분은 다시 접어서 오린다.
5. 여러 장의 무늬를 만들어 도화지 위에 붙여 재구성한다.

유의점

• 오리는 부분과 모양에 따라 다양한 무늬가 나타날 수 있음에 관심을 가진다.
• 여러 번 접으면 오리기 힘들 수 있으므로 유아의 연령에 맞게 이를 조절한다.

확장활동

• 만든 문양을 이용해 모빌을 꾸밀 수 있다.
• 접기 방법을 다양하게 하여 입체적인 문양을 만들어 본다.

작품사진

활동 24

종이 접어 꾸미기

준비물

색종이, 학종이, 도화지, 풀, 가위, 종이접기 순서도

활동순서

1. 종이접기 순서도를 이용해 종이 접는 방법을 알아본다.
2. 순서에 맞게 종이를 접는다.
3. 접은 색종이를 도화지 위에 붙인다.
4. 종이접기 작품 주변을 색종이로 꾸민다.

유의점

- 유아들이 바닥에 놓고 접을 수 있도록 안내한다.
- 종이를 접을 때 힘을 주어 접도록 한다.

확장활동

- 색종이가 아닌 다른 재질의 종이를 접어 꾸며 볼 수 있다.
- 평면이 아닌 입체작품을 접어 입체적으로 꾸며 볼 수 있다.

작품사진

활동 25

직조 활동

준비물

도화지, 색종이, 가위, 풀

활동순서

1. 색종이를 가늘게 잘라 준비한다.
2. 도화지 속 그림의 꾸미고자 하는 부분에 칼집을 낸다.
3. 칼집을 낸 사이에 색종이를 교차하여 끼운다.

유의점

- 종이를 끼울 때 윗줄과 아랫줄에 시작 방향을 다르게 하여 교차로 무늬가 나타나게 한다.
- 교차하여 색종이를 끼울 때에는 윗줄과 아랫줄의 공간이 벌어지지 않도록 한다.

확장활동

- 두께가 다른 색종이를 이용해 직조 활동을 할 수 있다.
- 그림을 미리 구상하지 않고, 직조 활동 후 연상되는 그림을 꾸밀 수 있다.

작품사진

활동 26

마블링 그림

준비물

마블링 물감, 이쑤시개, 큰 수조, 물, 도화지, 일회용 장갑

활동순서

1. 큰 수조에 물을 1/3 준비한다.
2. 마블링 물감을 수조에 떨어뜨린다.
3. 바람을 불거나 이쑤시개 등을 이용해 물 위에 물감의 모양을 변화시킨다.
4. 도화지로 무늬를 찍어 낸다.
5. 통풍이 잘되는 곳에서 작품을 건조시킨다.

유의점

- 수조는 도화지가 충분히 들어갈 수 있는 크기로 준비한다.
- 마블링 물감의 양이 많으면 그림이 잘 마르지 않으므로 주의한다.

확장활동

- 활동 전에 물과 기름이 섞이지 않는다는 실험을 한 뒤에 마블링 물감을 소개하면, 마블링 물감의 원리를 잘 이해할 수 있다.
- 매니큐어와 투명한 유리병으로 마블링을 하여 꽃병을 꾸며 볼 수 있다.

작품사진

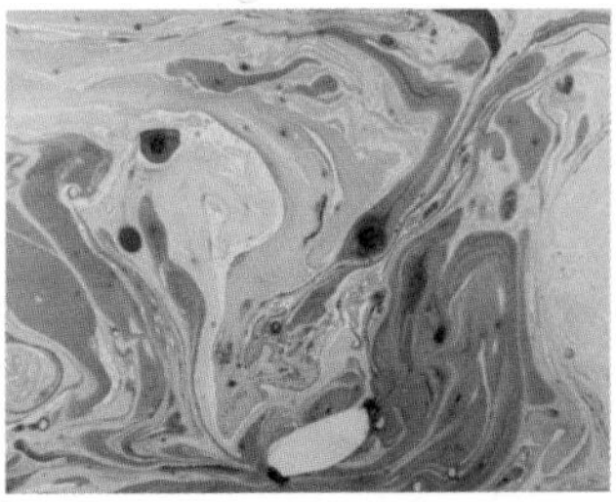
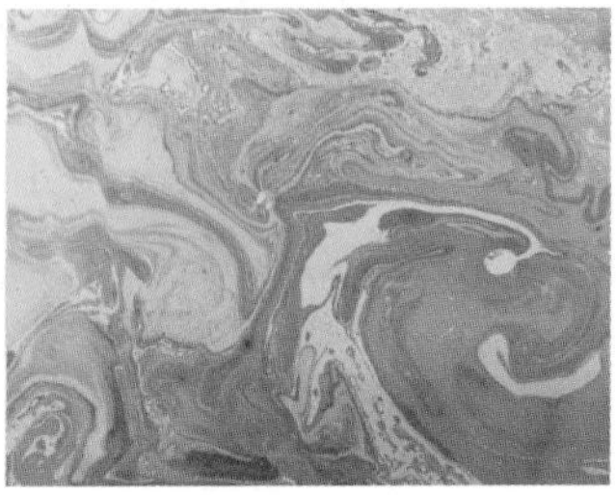
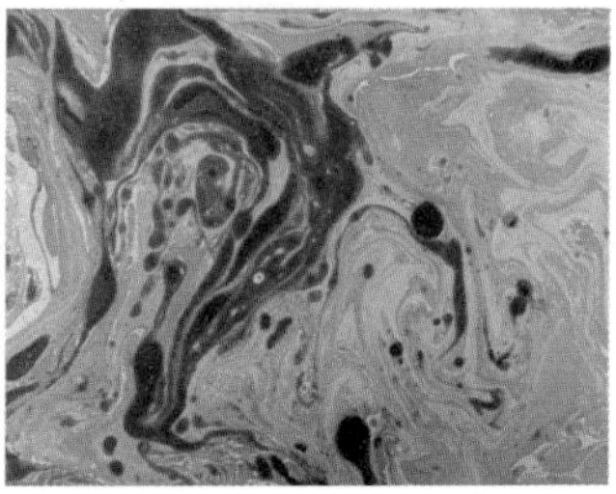

활동 27

습자지 그림

준비물

도화지, 습자지, 가위, 분무기, 물, 스펀지, 붓

활동순서

1. 여러 가지 색상의 습자지를 고른다.
2. 습자지를 원하는 모양으로 자른다.
3. 도화지 위에 습자지를 자유롭게 배열한다.
4. 배열한 습자지 위에 분무기로 물을 뿌린다.
5. 물기가 마른 후에 습자지를 제거한다.

유의점

- 분무기 대신 물이 묻은 스펀지나 붓을 사용할 수 있다.
- 건조시켜야 하므로 물의 양은 적당히 사용한다.

확장활동

- 습자지를 구겨 붙여서 꾸미기 활동을 할 수 있다.
- 습자지를 구겨서 물을 묻혀서 찍어 볼 수 있다.

작품사진

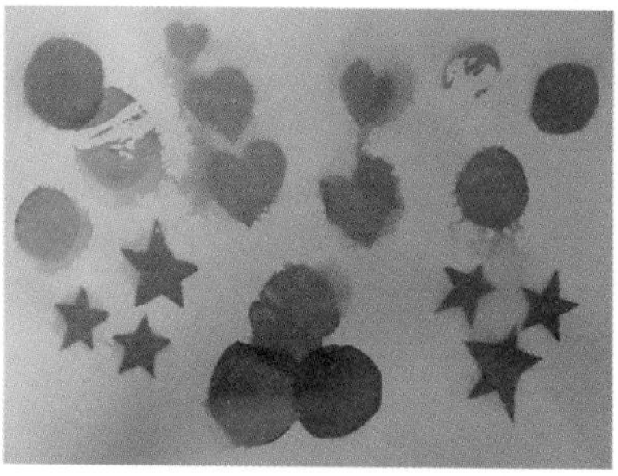

활동 28

프로타주

준비물

무늬가 있는 작은 물건(동전, 나뭇잎, 골판지 등), 도화지, 색연필

활동순서

1. 무늬가 있는 작은 물건들을 탐색한다.
2. 작은 물건 위에 도화지를 놓는다.
3. 물건이 움직이지 않게 손으로 고정한 뒤 힘을 주어 색연필로 문지른다.
4. 표현된 그림을 관찰한다.

유의점

- 손에 골고루 힘을 주어 색칠해야 착색이 잘된다.
- 베끼기를 한 종이를 오려 다른 종이에 붙여서 새로운 작품을 만들 수 있다.

확장활동

- 여러 두께의 종이, 다양한 그리기 도구, 다양한 작은 물건 등으로 프로타주 활동을 해 봄으로써 다르게 나타나는 무늬에 관심을 가진다.
- 바깥놀이 시 나무껍질 등을 활용해 프로타주 활동을 할 수 있다.

작품사진

활동 29

우드록 판화

준비물

우드록, 원형 아이스크림 막대, 붓, 물감, 팔레트, 물, 물통, 연필깎이, 롤러, 사인펜

활동순서

1. 우드록 위에 사인펜으로 밑그림을 그린다.
2. 원형 아이스크림 막대를 이용해 밑그림 위에 세게 눌러 그림을 그린다.
3. 원하는 부분에 붓으로 물감을 칠한 뒤 도화지에 찍어 낸다.

유의점

- 원형 아이스크림 막대를 연필깎이를 이용해 뾰족하게 준비한다.
- 붓이 아닌 롤러를 이용하여 물감을 바를 수 있다.

확장활동

- 전체를 같은 색으로 찍어 낼 수도 있고, 부분마다 다르게 색칠하여 찍어 낼 수 있다.
- 같은 그림을 다른 색으로 찍어 내어 느낌을 비교한다.

작품사진

활동 30

모루로 구성하기

준비물

모루, 글루건, 도화지, 꾸미기 재료, 목공풀

활동순서

1. 모루를 구부려 원하는 모양을 만든다.
2. 꾸미기 재료를 이용해 모루 작품을 완성한다.
3. 완성된 작품은 입체로 세우거나 도화지에 붙인다.

유의점

- 모루 끝부분 철사에 유아의 손이 다치지 않도록 주의한다.
- 완성된 모루의 끝부분은 둥글려서 마무리한다.
- 목공풀로 고정되지 않는 경우에는 교사의 도움을 받아 글루건으로 고정한다.

확장활동

- 모루를 이용해 평면이 아닌 입체작품을 만들 수 있다.
- 다른 재료를 함께 활용하여 다양하게 작품을 꾸민다.

작품사진

활동 31

야채 판화

준비물

도화지, 팔레트, 물감, 붓, 물, 물통, 단면이 보이는 채소(연근, 파프리카, 양파, 고추 등)

활동순서

1. 야채들을 반으로 잘라 단면이 보이도록 준비한다.
2. 야채의 표면에 물감을 바른 후 도화지에 찍어 본다.
3. 찍힌 무늬를 이용해 연상되는 그림을 그린다.

유의점

- 단면이 분명하지 않은 감자나 고구마 등은 모양 조각으로 잘라 주어 찍어 볼 수 있도록 한다.

확장활동

- Arcimboldo의 명화 〈가을〉을 감상하고, 다양한 야채와 과일 등을 이용해 친구의 얼굴을 표현해 본다.

작품사진

활동 32

손바닥 찍기

준비물

도화지, 물감, 종이접시, 물, 붓

활동순서

1. 손을 다양한 방향에서 관찰한다.
2. 접시에 물감을 풀어 놓는다.
3. 빈 종이에 손가락, 손바닥 등 다양한 부위를 찍어 본다.
4. 손바닥을 이용해 그림을 완성한다.

유의점

- 손의 다양한 부분을 탐색해 볼 수 있도록 사전활동을 한다.
- 다양한 색의 접시를 준비하여 손바닥에 충분히 물감을 묻힐 수 있도록 한다.

확장활동

- 손바닥 그림을 이용하여 협동작품을 만들 수 있다.

작품사진

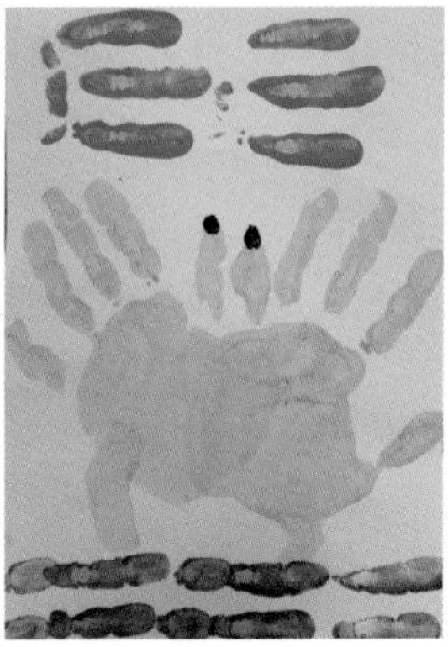
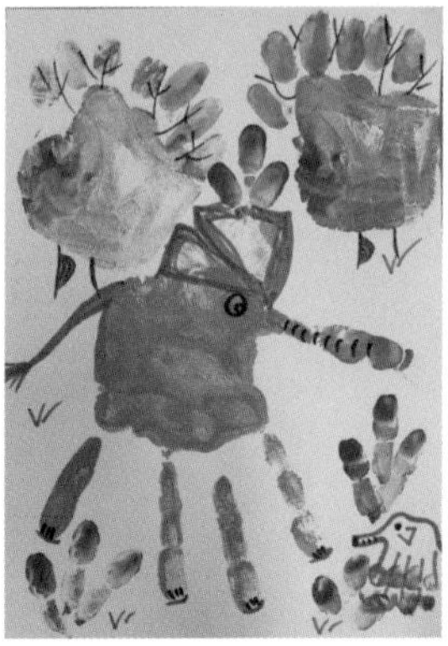

활동 33

스펀지 찍기

준비물

도화지, 스펀지, 가위, 물감, 팔레트

활동순서

1, 팔레트에 색깔별로 물감을 덜어 놓는다.

2. 적당한 크기로 자른 스펀지를 준비한다.

3. 스펀지에 물감을 묻힌 후 도화지에 찍어 그림을 그린다.

유의점

• 물감에 물을 적게 넣어야 색이 선명하게 찍힌다.

• 스펀지는 다양한 색의 물감을 묻혀 볼 수 있도록 넉넉하게 준비한다.

확장활동

• 다양한 종류의 스펀지(청소용, 화장용 등)로 그림을 그린다.

• 스펀지를 여러 모양으로 잘라서 찍어 본다.

작품사진

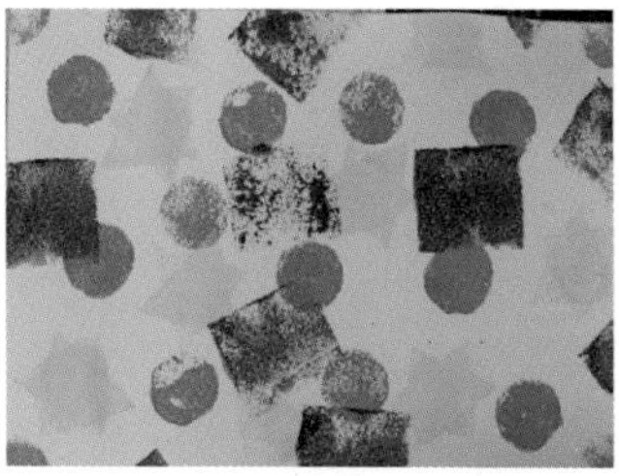

활동 34

지점토 공예

준비물

지점토, 물, 물감, 붓, 물통, 팔레트, 니스

활동순서

1. 지점토의 특성을 탐색한다.
2. 물을 묻혀 가며 지점토를 이용해 작품을 만든다.
3. 완성된 작품은 며칠 건조한 뒤 채색한다.
4. 채색한 뒤에 니스를 발라 건조시킨다.

유의점

- 채색 시에는 지점토가 충분히 마른 뒤에 채색한다.
- 니스를 바를 때에는 충분히 환기를 시킨다.

확장활동

- 야구르트병 등을 활용하여 입체 인형을 만들 수 있다.
- 냉장고 자석 등을 활용해 자석판을 꾸며 볼 수 있다.
- 다양한 특성의 점토(천사점토, 클레이, 폼클레이)로 활동한다.

작품사진

활동 35

플레이콘 공예

준비물

플레이콘, 물, 스펀지

활동순서

1. 플레이콘을 탐색하고 물을 묻히면 서로 달라붙는 성질에 대해 알아본다.
2. 플레이콘을 이어서 만들고 싶은 모양을 만든다.

유의점

- 물을 플레이콘이 녹지 않을 정도로 적당량만 묻힌다.
- 물에 적신 스펀지를 이용하면 물의 양을 조절할 수 있다.

확장활동

- 플레이콘에 물을 많이 적셔서 종이에 그림을 그릴 수 있다.
- 플레이콘을 가위로 잘라 두께를 조절하여 그림 위를 입체적으로 꾸며 본다.

작품사진

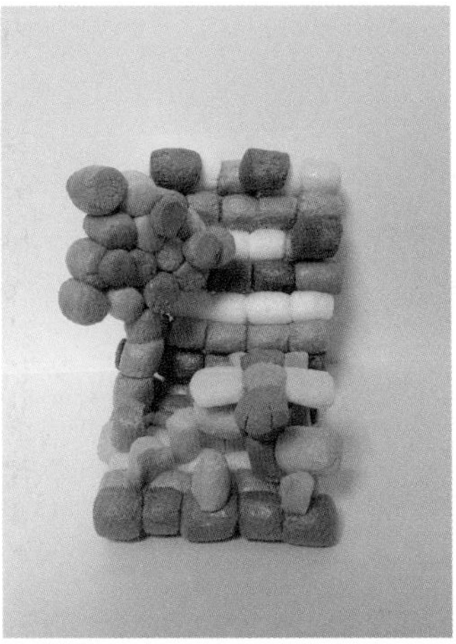

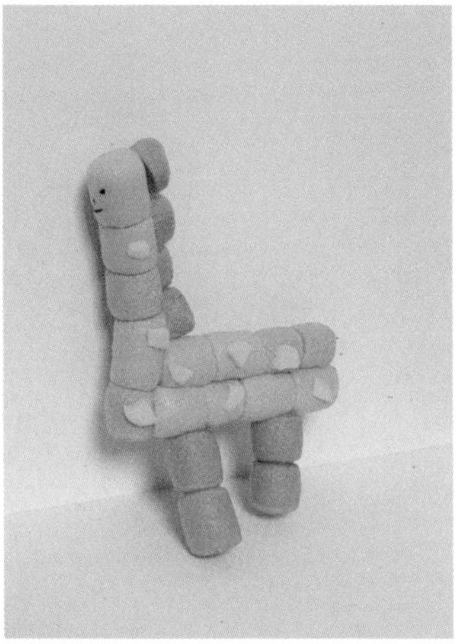

활동 36

골판지 공예

준비물

띠골판지, 목공풀, 글루건, 다양한 부재료

활동순서

1. 띠골판지를 돌돌 말아 목공풀로 고정한다.
2. 고정된 띠골판지를 이용해 작품을 만든다.

유의점

- 목공풀이 떨어지는 경우에는 교사가 글루건으로 고정할 수 있도록 돕는다.
- 눈알 등 다양한 부재료를 준비하여 창의적으로 제작이 이루어지도록 한다.

확장활동

- 띠골판지를 이용해 모빌을 만들어 전시할 수 있다.
- 띠골판지를 작게 준비하여 콜라주 재료로 사용할 수 있다.

작품사진

활동 37

홀치기 염색

준비물

물티슈, 수성사인펜, 고무줄, 분무기, 물, 구슬, 단추

활동순서

1. 물티슈를 색종이 접듯이 네 번 접는다.
2. 고무줄을 사용하여 물티슈를 묶는다.
3. 물티슈의 여러 부분에 수성사인펜으로 색칠한다.
4. 분무기로 색칠한 부분에 물을 살짝 뿌린다.
5. 물티슈를 펼쳐 나온 무늬를 관찰한다.

유의점

- 고무줄을 바짝 묶어야 홀치기 효과가 잘 나타난다.
- 묶는 방법을 달리하면 다양한 염색 그림이 나타난다.
- 물티슈에 구슬이나 단추를 넣고 고무줄을 묶어 홀치기를 해 볼 수 있다.

확장활동

- 치자 등 색을 내는 자연물을 끓여서 염색물을 만든 후 홀치기 기법으로 천을 염색할 수 있다.

작품사진

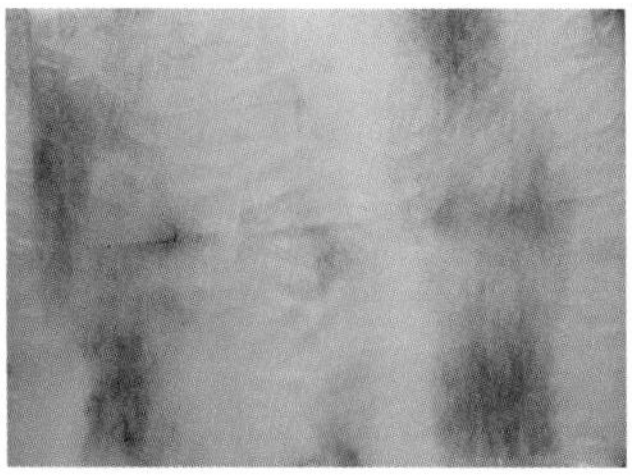

참고 문헌

고은별(2018). 그림책을 활용한 심미적 접근의 유아미술교육 프로그램 개발 및 효과. 전남대학교 대학원 박사학위논문.

고은실(2008). 현대 한국 미술비평교육의 내용 연구. 미술교육논총, 22(3), 83-104.

고현, 이혜선, 고은별, 차금안, 김보현(2016). 심미감 발달을 위한 미술교육과 미술치료. 경기: 정민사.

교육과학기술부, 보건복지부(2012). 5세 누리과정 해설서.

교육부(2014). 유치원 시설 · 설비적정 기준 마련 연구.

교육부(2019). 개정 누리과정 고시문(교육부 고시 제2019-189호).

교육부, 보건복지부(2019). 2019 개정 누리과정 해설서.

김경철, 정혜승(2015). 탐색, 표현, 감상 활동 중심의 유아미술교육과정이 예비유아교사의 미술 교수효능감에 미치는 영향. 한국어린이미디어학회 학술대회자료집, 10, 183-192.

김미남(2011). 예비 초등 교사를 위한 미술 프로젝트: 이해를 목적으로 한 미술, 삶을 위한 미술, 삶과 연관된 미술. 미술과 교육, 12(2), 79-106.

김영애, 이형선(2017). 유아미술교육. 경기: 양서원.

김은심, 김정희, 손미애, 유지안(2019). 유아 미술교육. 서울: 학지사.

김형숙(2008). 비평적 탐구: 비교문화적 맥락에서 미술비평과 감상교육. 홀리스틱교육연구, 12(1), 14-33.

류재만(2004). 미술 감상 · 비평 학습에서 발문에 관한 연구. 미술교육논총, 18(1), 193-226.

박라미(2004). 미술교육에서 아동미술재료 인식변화의 필요성. 아동미술교육, 3, 17-34.

박은선(2018). 유아를 위한 스토리텔링 현대미술 감상교육 프로그램 개발 및 적용 효과. 중앙대학교 대학원 박사학위논문.

박정아(2004). 연간 미술교육 프로그램에 의한 유아미술활동지도. 서울: 창지사.

박지영(2009). 미술 감상 교육에 나타나는 펠드먼 미술비평의 문제점과 그 보완에 관한 연구. 고려대학교 교육대학원 석사학위논문.

박지영, 조경자(2016). 예비유아교사의 문화적 공감능력이 다문화 감수성과 다문화 교육 이해 및 태도에 미치는 영향. 한국산학기술학회, 17(10), 439-448.

박찬옥, 김낙홍, 구수연, 이옥임, 노희연, 이선영(2011). 영유아 프로그램 개발과 평가. 경기: 정민사.

박혜훈(2015). 동시대 미술 감상활동이 유아의 창의성 및 미술성향에 미치는 영향. 중앙대학교 대학원 석사학위논문.

박혜훈(2018). 유아를 위한 인터랙티브 미술교육 프로그램 개발 및 적용효과. 중앙대학교 대학원 박사학위논문.

서울교대미술교육연구회(2008). 미술교육학(제3판). 경기: 교육과학사.

서윤희(2017). 유아교육과정에서 미술 매체의 사용 실태와 매체의 물질성 탐색 연구. 숙명여자대학교 대학원 박사학위논문.

서혜정, 고지민(2017). 유아미술교육: 유아의 놀이와 삶으로 다가가기. 경기: 공동체.

심우경, 김민경(2013). 유치원 물리적 환경 구성 평정척도 개발 기초연구. 열린유아교육연구, 18(4), 463-490.

양소영, 윤해린, 김나영, 김명숙, 김동영, 이은영, 김철성, 박명옥, 박용혁(2010). 음악미술 개념사전: 이야기처럼 술술 읽히는 신개념 개념사전. 경기: 북21 아울북.

오연주(2005). 유아미술교육. 서울: 창지사.

우수경, 이성희, 이현정(2016). 유아미술교육. 경기: 공동체.

윤현숙(2005). 유아를 위한 균형적 미술교육 프로그램의 개발 및 효과. 전남대학교 대학원 박사학위논문.

이보라(2016). 공감각적 체험 중심의 현대미술 감상 프로그램 연구. 전남대학교 문화전문대학원 석사학위논문.

이소은, 권기남(2017). 아동미술. 경기: 양서원.

이원영, 임경애, 김정미, 강유진(2019). 자유표현과 심미감 중심의 유아미술교육(2판). 서울: 학지사.

이정욱, 임수진(2017). 탐색 · 표현 · 감상의 통합적 미술교육. 경기: 정민사.

임부연, 최영명, 류미향(2009). 유아 미술작품 활용에 대한 유아교사의 인식 및 실태 연구. 미술교육논총, 23(3), 149-174.

임영서(2000). 유치원 미술영역의 물리적 환경의 synomorphy 유지를 위한 생태학적 연구. 유아교육학논집, 4(1), 55-78.

장순미(2008). 미술관 방문활동이 유아의 그림표현 능력 및 그림 감상능력에 미치는 영향. 중앙대학교 대학원 박사학위논문.

장연자, 이주연(2018). 제4차 산업혁명 시대 미술교육의 방향. **미술교육연구논총**, 52, 67-94.

전성수(1993). 미술교육의 필요성과 목적에 대한 탐색. **사향미술교육논총**, 1, 101-118.

지성애(2001). 미술 교수방법이 유아의 표상능력에 미치는 효과. **유아교육연구**, 21(1), 177-201.

지성애, 김성희(2013). 유아 미술감상교육에 대한 교사의 인식 및 실태분석. **유아교육학논집**, 17(1), 5-29.

한국교육심리학회(2000). 교육심리학 용어사전. 2019. 11. 13. 인출.

한국미술교과교육학회(2004). **유아미술교육학**. 서울: 학문사.

한국사전연구사(1998). 미술대사전. 2019. 11. 13. 인출.

한수진(2013). 문화간 감수성증진을 위한 프로그램 개발 및 효과성 연구: 초등학생 대상 교육프로그램 중심. 광운대학교 대학원 박사학위논문.

현화동(2018). 유아교사의 미술교육 교수법 개선을 위한 협력적 실행연구. 중앙대학교 대학원 박사학위논문.

황수무(2003). **교사를 위한 유아미술교육**. 서울: 형설출판사.

Alter, F. (2010). Using the visual arts to harness creativity. *UNESCO Observatory Refereed E-Journal, 1*(5), 1-14.

Anderson, T. (1997). Talking with kids about art: A model for art criticism. *School Arts, 97*(1), 21-24.

Anderson, T., & Milbrandt, M. K. (2005). *Art for life: Authentic instruction in art*. New York: McGraw Hill.

Egan, K. (2008). **상상력을 활용하는 교수법** (*An imaginative approach to teaching*). (송영민 역). 서울: 울력. (원저는 2005년에 출판).

Eisner, E. W. (1995). **새로운 눈으로 보는 미술교육** (*Educating artistic vision*). (서울교육대학교 미술교육연구회 역). 서울: 예경.

Feldman, E. (1993). *Practical art criticism*. Englewood Cliffs, NJ: Prentice-Hall.

Frost, J. L., & Kissinger, J. B. (1976). *The young child and the educative process*. New York: Holt, Rinehart & Winston.

Gardner, H. (1994). *The arts and human development*. New York: Basic Books.

Herberholz, B., & Hanson, L. (1994). *Early childhood art* (3rd ed.). Dubuque, IA: Wm. C.

Brown.

Jeffrey, T. S. (2012). 놀이지도: 아이들을 사로잡는 상호작용 (*Interactions in the classroom: Facilitating play in the early years*). (송혜린, 신혜영, 신혜원, 조혜진 공역). 서울: 다음세대. (원저는 1993년에 출판).

Keifer-Boyd, K., & Maitland-Gholson, J. (2010). 시각 문화와 미술 교육 (*Engaging visual culture*). (류재만 외 공역). 경기: 교육과학사. (원저는 2007년에 출판).

Kellogg, R. (1969). The 20 Basic Scribbles. *Analyzing Children's Art*. Palo Alto, CA: Mayfield.

Koster, J. B. (2001). *Growing artists: Teaching art to young children* (2nd ed.). Albany, NY: Delmar.

Koster, J. B. (2012). *Growing artists: Teaching the art to young children* (5th edition). New York: Delmar Publishers INC.

Ljungkvist, L. (2009). 선을 따라가요 (*Follow the line*). (김희정 역). 경기: 한국삐아제. (원저는 2006년에 출판).

Lowenfeld, V. (1982). *The Lowenfeld lectures* (John A. Michael, ed.). University Park, PA: Pennsylvania State University.

Lowenfeld, V., & Brittain, W. L. (1987). *Creative and mental growth*. New York: Macmillan.

Lowenfeld, V., & Brittain, W. L. (1993). 인간을 위한 미술교육 (*Creative and mental growth*). (서울교육대학교 미술교육연구회 역). 서울: 미진사.

Muller, L., Edmonds, E., & Connell, M. (2006). Living laboratories for interactive art. *CoDesign, 2*(4), 195-207.

Parson, M. (1987). *How we understand art: A cognitive developmental account of aesthetic experience*. New York: Cambridge University Press.

Phyfe-Perkins, E. (1979). Children's Behavior in Pre-School Settings: A Review of Research Concerning the Influence of the Physical Environment.

Schiller, F. (2015). 프리드리히 실러의 미적 교육론 (*Über die ästhetische Erziehung des Menschen*). (윤선구, 이경희, 조경식, 하선규, 한진이 공역). 서울: 대화문화아카데미.

Schirrmacher, R. (2006). *Art and creative development for young children*. Albany, NY: Delmar.

네이버 스마트스토어 https://smartstore.naver.com/hauoli/products/4575009116?NaPm=ct%3Dk4vrjo28%7Cci%3D9be5d04be1a80788dac9b5b381f2a0c525196154%7Ctr%3Dslsl%7Csn%3D378246%7Cic%3D%7Chk%3D45419ab7d80e1aa2a606d9931d033577d9d2edfd#dts

두피디아 http://www.doopedia.co.kr

아트인사이트 https://www.artinsight.co.kr/news/view.php?no=16288

키드팡 http://kidpang.net

통계청 http://www.kostat.go.kr/portal/korea/index.action

ARTEBA http://www.arteba.org/japan-yayoi-kusama-many-polka-dots/?lang=en

Artlinked https://artlinked.com/Object/19976/felix-gonzalez-torres-untitled-placebo-landscape-for-roni-1993

Kumi Yamashita http://kumiyamashita.com

Public Delivery https://publicdelivery.org/felix-gonzalez-torres-untitled-portrait-of-ross-in-l-a-1991/

ZIMBIO http://www.zimbio.com/photos/Yayoi+Kusama/Gallery+Visitors+Make+Their+Mark+Yayoi+Kusama/wKloGTIhOjN

국립국어원 표준국어대사전. 미술. 2019. 11. 14. 검색 https://stdict.korean.go.kr/search/searchView.do

네이버 지식백과. 자연이 예술이다. https://terms.naver.com/entry.nhn?docId=3575469&cid=58793&categoryId=58793

네이버 지식백과. 정크 아트. https://terms.naver.com/entry.nhn?docId=3575517&cid=58793&categoryId=58793

두산백과사전. 미술. 2019. 11. 14. 검색 http://www.doopedia.co.kr/doopedia/master/master.do?_method=view&MAS_IDX=101013000717031

찾아보기

인명

내용

저자 소개

김남연(Kim, Nam Yun)

중앙대학교 대학원 문학박사(유아교육 전공)

현 장안대학교 유아교육과 교수

이은형(Lee, Eun Hyung)

중앙대학교 대학원 문학박사(유아교육 전공)

현 한국복지대학교 유아특수보육과 교수

문가영(Moon, Ga Young)

중앙대학교 대학원 문학박사(유아교육 전공)

현 대구대학교 유아교육과 교수

신유정(Sin, Yoo Jung)

중앙대학교 대학원 박사과정 수료(유아교육 전공)

현 배화여자대학교 유아교육과 외래교수

김명정(Kim, Myoung Jung)

중앙대학교 대학원 문학박사(유아교육 전공)

현 배화여자대학교 유아교육과 교수

2019 개정 누리과정에 기초한
유아미술교육
Art Education for Young Children

2020년 2월 29일 1판 1쇄 발행
2021년 5월 20일 1판 2쇄 발행

지은이 • 김남연 · 이은형 · 문가영 · 신유정 · 김명정
펴낸이 • 김진환
펴낸곳 • ㈜학지사
04031 서울특별시 마포구 양화로 15길 20 마인드월드빌딩
대표전화 • 02-330-5114 팩스 • 02-324-2345
등록번호 • 제313-2006-000265호

홈페이지 • http://www.hakjisa.co.kr
페이스북 • https://www.facebook.com/hakjisa

ISBN 978-89-997-2067-3 93370

정가 17,000원

이 도서의 국립중앙도서관 출판시도서목록(CIP)은 서지정보유통지원시스템 홈페이지(http://seoji.nl.go.kr)와 국가자료공동목록시스템(http://www.nl.go.kr/kolisnet)에서 이용하실 수 있습니다.
(CIP 제어번호: CIP2020007455)